Enjoy life with Tea

紅茶の事典

基本の淹れ方からアレンジメントティーの楽しみまで

成美堂出版

写真／若林 明希子

紅茶のある風景

大切な人と一緒に、おいしい紅茶を飲む。
立ちのぼる香りに、自然と笑顔がこぼれます。
今この瞬間も、世界のどこかで、
幸せなティータイムを楽しんでいる人がいます。
健康、ゆとり、癒し…たくさんの力を秘めた紅茶は、
全世界で日に３０億杯以上も飲まれているのです。
これからご紹介する魅力あふれる紅茶の世界は、
あなたの生活をずっと、豊かに彩ってくれることでしょう。
３０億の笑顔の一つ、それがあなたです。

CONTENTS 目次

CONTENTS 目次

第7章　紅茶ブランドカタログ……139

第8章　おしゃれなティーアクセサリーカタログ……159

- アップルコンポートティー…P 10
(ホット/ストレート/フルーツ)
- ナッツミルクティー…P 11
(ホット/ミルク/クリーム)
- メープルミルクティー…P 12
(ホット/ミルク/シロップ)
- マロンミルクティー…P 13
(ホット/ミルク/栗)
- アイスキウイティー…P 14
(アイス/ストレート/フルーツ)
- ラズベリーティーソーダ…P 15
(アイス/ストレート/シロップ)
- アイスアマレットミルクティー…P 16
(アイス/ミルク/リキュール)
- オレンジクローブティー…P 17
(ホット/ストレート/スパイス)
- アイスシェルパティー…P 18
(アイス/ストレート/ワイン)
- ティーフロート…P 19
(アイス/ストレート/アイスクリーム)
- ジンジャーミルクティー…P 20
(ホット/ミルク/スパイス)
- シナモンウィンナティー…P 21
(ホット/ミルク/クリーム)
- ティーパンチ…P 22
(アイス/ストレート/フルーツ)
- アイスカルダモンミルクティー…P 23
(アイス/ミルク/スパイス)
- アイスジャスミンミルクティー…P 24
(アイス/ミルク/ハーブ)
- アイスキャンブリックティー…P 25
(アイス/ミルク/ハチミツ)
- ナチュラルストロベリーティー…P 26
(ホット/ストレート/シロップ)
- さくらティー…P 27
(ホット/ストレート/桜花)
- カモミールミルクティー…P 28
(ホット/ミルク/ハーブ)
- アイスローレルピーチティー…P 29
(アイス/ストレート/ハーブ)
- アイスチョコバナナティー…P 30
(アイス/ミルク/チョコシロップ)
- ラベンダーティー…P 31
(ホット/ストレート/ハーブ)
- バナナミルクティー…P 32
(ホット/ミルク/フルーツ)
- アイスフラワーティー…P 33
(アイス/ストレート/ハーブ)
- ブランデーティー…P 34
(ホット/ストレート/ブランデー)
- バターティー…P 35
(ホット/ストレート/バター)
- アイスメロンミルクティー…P 36
(アイス/ミルク/フルーツ)
- アイスココナツミルクティー…P 37
(アイス/ミルク/ココナツパウダー)

第1章

アレンジメントティー レシピ集

個性豊かで紅茶とのハーモニーが楽しめるアレンジメントティー。フルーツやハーブ、スパイスやリキュールなどを組み合わせて、バラエティに富んだティータイムをどうぞ。

※ 第1章のレシピ（28種）は茶葉をすべてティースプーン（=tsp）中山盛りで量っています。ストレートティーの場合は、79頁をご参照ください。

Apple Compote Tea

HOT

ほんのりじんわりリンゴの甘み アップルコンポートティー

【材料２人分】

◆ニルギリまたはセイロンブレンド／茶葉…2tsp（OP 5g）
熱湯…300cc
アップルコンポート…適宜（市販品可）

※OPは51頁参照
※tsp＝ティースプーン（以下同じ）

作り方

①リンゴを2㎝角にカットして手鍋に入れ、ひたひたの水とグラニュー糖適宜で、柔らかく透き通るまで煮る。
②ティーポットで茶葉を2分30秒蒸らす（78頁参照）。
③温めたカップに①を少量の煮汁と一緒に入れておく。
④茶殻をこしてカップに注ぎ分ける。
※基本は甘さ控えめにリンゴを煮ますが、甘くして濃い目に淹れた紅茶と合わせてもよいでしょう。

リンゴは紅玉がおすすめ。シナモンやレモンを加えても美味。

HOT

Nuts Milk Tea

香ばしくてクリーミーな味わい ナッツミルクティー

【材料２人分】
◆アッサムまたはケニア／茶葉…2tsp (CTC 7g)
熱湯…220cc
牛乳…80cc
ホイップクリーム…適宜
ローストナッツ…適宜
ザラメ…適宜

※CTCは51頁参照

作り方

①ナッツを炒る。一部を飾り切りし、残りは細かく刻んでおく。
②茶葉と刻んだナッツを手鍋で2分30秒蒸らし、牛乳を加えてロイヤルミルクティーを作る（84頁参照）。
③茶殻をこしてカップに注ぎ分ける。
④好みでザラメを加え、固めのホイップクリームを絞り出して浮かべ、ナッツを飾る。
※アーモンド以外にも、様々なナッツで作ってみましょう。

ナッツは直前に炒って刻むとよい。甘みはザラメが好相性。

Maple Milk Tea

HOT

空腹をしのぐおやつにぴったり
メープルミルクティー

香り豊かなミルクティーに、シロップをたっぷりと注ぎます。

作り方

①茶葉を手鍋で3分蒸らし、牛乳を加えてロイヤルミルクティーを作る（84頁参照）。
②茶殻をこして温めたカップに注ぐ。
③メープルシロップをピッチャーに入れて添える。
※メープルシロップのかわりに、メープルシュガーも使ってみましょう。

【材料２人分】

◆ニルギリまたはロイヤルブレンド（70頁参照）／茶葉…2tsp（OP 5g）
熱湯…200cc
牛乳…100cc
メープルシロップ…適宜

※OPは51頁参照

HOT

Marron Milk Tea

ほのかな栗の風味を活かした マロンミルクティー

作り方

①茶葉を手鍋で2分30秒蒸らし、牛乳を加えてロイヤルミルクティーを作る（84頁参照）。
②温めたカップに、スライスしたマロンコンポートとシロップを入れる。
③茶殻をこしてカップに注ぎ分ける。
※マロンペーストをブランデーで溶いたものや、フレーバーシロップを加えると、栗の風味が強くなります。

【材料２人分】
◆ルフナまたはセイロンブレンド／茶葉…2tsp（BOP 6g）
熱湯…150cc
牛乳…150cc
マロンコンポート（栗の甘露煮）…適宜

※BOPは51頁参照

マロンはカットしてスプーンにのせ、そのままお茶請けにも。

Iced Kiwi Tea

ICE

バテ気味の体が喜ぶ爽やかさ
アイスキウイティー

多すぎると味も見た目も濁るので、風味付け程度の量をおろす。

作り方

①キウイは皮をむいて飾り切りする。

②少量のキウィをすりおろしてブランデーをかけておく。

③ティーポットで茶葉を2分蒸らす。茶殻をこして別の容器に移してグラニュー糖を溶かしたら（82頁参照）、砕いたキューブアイス8個を加えて混ぜる。

④小ぶりのグラスに②を果汁ごと入れ、③を溶け残った氷ごと等分に注ぎ、①を飾る。

【材料２人分・8oz】
※ 8oz＝約250ccグラス

◆ニルギリまたはウバ／茶葉…2tsp（OP 5g）
熱湯…200cc
キューブアイス…8個（160g）
キウィ…適宜
ブランデー…小さじ２杯
グラニュー糖適宜

※OPは51頁参照

ICE

Raspberry Tea Soda

いくつもの要素が織りなす風味 ラズベリーティーソーダ

【材料２人分・11oz】
※ 11oz＝約320ccグラス

◆セイロンブレンド／茶葉…2tsp（BOP 6g）
水…120cc
キューブアイス…12個（240g）
ラズベリーシロップ…20cc
フルーツジュース…60cc
シュガーシロップ…10cc
ソーダ水…120cc
ミントの生葉…適宜

※BOPは51頁参照

作り方

①茶葉を2時間ほど水出ししておく。
②グラスにラズベリーシロップを10cc入れ、氷を2個そっとのせる。
③フルーツジュースとシュガーシロップをよく混ぜたものを35cc②の氷の上に静かに注ぐと2層に分かれる。
④氷を2個砕いて入れ、①の紅茶を50cc静かに注ぐと3層に分かれる。
⑤さらに氷を2個砕いて入れ、ソーダ水を60cc注ぎ、ミントを飾る。
※91頁を参考に、紅茶は作り置きを。

比重の重い順に、上に出ている氷にあてて注げば完成。

Iced Amaletto Milk Tea

ICE

イタリアンの食後や夜のだんらんに アイスアマレットミルクティー

ミルクティーと好相性の、杏仁風味のお酒、アマレット。

作り方

①手鍋に100ccの水を沸騰させ、火を止めて茶葉を入れ、ふたをして2分蒸らし、牛乳200ccを加えてなじませる。

②小ぶりのグラスに細かく砕いたキューブアイスを3個ずつ入れ、茶殻をこしながら①を等分に注ぐ。

③アマレットを大さじ1杯ずつ加え、かき混ぜてある程度氷を溶かし、グラスにフタをするように固めのホイップクリームを絞り出し、ナッツとオレンジピールを飾る。

【材料２人分・8oz】

◆アッサムまたはブレックファースト（70頁参照）／茶葉…3tsp（BOP9g）
水…100cc
キューブアイス…6個（120g）
牛乳…200cc
ホイップクリーム（絞り出し）…適宜
アマレット…大さじ２杯
ナッツ・オレンジピール…適宜

※BOPは51頁参照

HOT

Orange Clove Tea

のどをいたわる華やかな一杯 オレンジクローブティー

オレンジは大きさを考えつつ、紅茶に浮かぶよう薄く輪切りに。

作り方

①ティーポットで茶葉を2分～3分蒸らす（78頁参照）。

②スライスオレンジにクローブを刺して、温めたカップに入れ、グラニュー糖を少量振りかけておく。

③茶殻をこして①の紅茶をカップに注ぎ分ける。

※クローブを使わずオレンジのみを浮かべたものは「シャリマティー」と呼ばれます。その際ダージリンやアールグレイを使うとまた違うおいしさに。

【材料 2人分】

◆ニルギリまたはケニア／茶葉…2tsp（OP 5g）

熱湯…300cc

クローブ…4～10粒

オレンジスライス…2枚

グラニュー糖…適宜

※OPは51頁参照

Iced Sherpa Tea

ICE

疲れがとれるおもてなしの一杯
アイスシェルパティー

ワインは甘口で酸味の少ないものを。今回はロゼを使用。

作り方

①大粒のぶどうをスライスし、ワインにつけておく。

②ティーポットで茶葉を2分蒸らし、茶殻をこして別の容器に移し、グラニュー糖を溶かす（82頁参照）。

③グラスにキューブアイスを6個ずつ入れ、②を等分に注いで混ぜ、急冷させる。

④ぶどうを、少量のワインと一緒に加える。

【材料２人分・11oz】

◆ディンブラまたはセイロンブレンド／茶葉…2tsp (BOP 6g)

熱湯…200cc

キューブアイス…12個 (240g)

グラニュー糖…適宜

ぶどう…適宜

ワイン…適宜

※BOPは51頁参照

Tea Float

ICE

バニラアイスが紅茶の風味を引き立てる ティーフロート

旨み成分が冷え、濁って見えてもミルクが入れば判りません！

作り方

①グラスに砕いた氷を6個入れ、余分な水気を切っておく。
②手鍋で茶葉を2分蒸らし（80頁参照）、茶殻をこして①に等分に注ぐ。
③牛乳40ccを加えてかき混ぜる。
④アイスクリームをディッシャーで丸く取って浮かべる。
※アイスクリームに負けない濃さで抽出すると、クリームダウン現象（171頁参照）が起こりますが、むしろこれがおいしさの証拠なのです。

【材料2人分・11oz】
◆キャンディ、ディンブラ、アッサム／茶葉…4tsp（BOP 12g）
熱湯…180cc
キューブアイス…12個（240g）
牛乳…80cc
バニラアイスクリーム…適宜

※BOPは51頁参照

Ginger Milk Tea

HOT

風邪気味の身体を温めてくれる ジンジャーミルクティー

一長一短のパウダーと生ショウガ。うまく使い分けましょう。

作り方

①茶葉と刻んだ生ショウガを手鍋で2分蒸らし、牛乳を加えてロイヤルミルクティーを作る（84頁参照）。

②茶殻をこしてカップに注ぎ分け、スライスした生ショウガを飾る。

※代謝を良くしたいときは、①の湯を沸かす段階でもショウガを加えたり、すりおろして使うなど、工夫してみてください。調味料用のジンジャーパウダーもお手軽ですが、のど越しや舌触りがザラつかないように分量を加減してください。

【材料 2人分】

◆ケニアまたはアッサム／茶葉…2tsp（CTC 7g）

熱湯…240cc

牛乳…60cc

生ショウガ…適宜

※CTCは51頁参照

HOT

Cinnamon Vienna Tea

寒い日の贅沢なおもてなし シナモンウィンナティー

紅茶と相性のよいシナモン。スティックはマドラー代わりに。

【材料2人分】

◆アッサムまたはブレックファースト(70頁参照)／茶葉…2tsp（BOP 6g）
熱湯…240cc
牛乳…60cc
ホイップクリーム…適宜
シナモンパウダー…適宜
シナモンスティック…2本
オレンジの皮…2片
ラム酒（お好み）…適宜

※BOPは51頁参照

作り方

①茶葉を手鍋で2分〜3分蒸らし、牛乳を加えてロイヤルミルクティーを作る（84頁参照）。

②茶殻をこしてカップに注ぎ分け、お好みでラム酒をごく少量加える。

③ホイップクリームをたっぷりと浮かべ、シナモンパウダーを振り、シナモンスティックとオレンジの皮を飾る。

Tea Punch

ICE

フルーツたっぷりの華やかなティー
ティーパンチ

アイスティーをガラスのポットから注ぐと清涼感が増します。

作り方

①カットフルーツ5種を広口グラスに入れておく。ワインやレモン汁を足すと風味が引き立つ。
②手鍋で茶葉を3分蒸らす（80頁参照）。
③ティーポットにシュガーシロップ大さじ1杯とキューブアイス10個を入れておき、茶殻をこして②を注ぐ。
④①のグラスに③を注ぎ、キューブアイス3個ずつとソーダ水50ccずつを加え、オレンジなどを飾る。

【材料２人分・11oz】

◆ニルギリまたはアールグレイ／茶葉…2tsp（OP 5g）
熱湯…120cc、シュガーシロップ…大さじ１杯
ソーダ水…100cc
キューブアイス…６個（120g）＋冷却用 10 個
カットフルーツ…好きなもの５種（缶詰でも可）

※OPは51頁参照

Iced Cardamon Milk Tea

ICE

スパイシーな食事のあとに アイスカルダモンミルクティー

カルダモンは割って使います。
三温糖は少量でも隠し味に。

作り方

①手鍋で、割ったカルダモンと100ccの水を沸騰させ、火を止めて茶葉を入れ、ふたをして3分蒸らす。
②茶殻をこして別の容器に移す。三温糖を溶かし、細かく砕いたキューブアイス5個を入れ、完全に氷を溶かす。
③小ぶりのグラスに②を等分に注ぎ、冷たい牛乳を90ccずつ加えて混ぜる。
④カルダモンのサヤ（殻）を飾る。
※陶製のビールグラスを冷やして使うのがおすすめ。エスニック料理に。

【材料２人分・8oz】
◆アッサムまたはブレックファースト（70頁参照）／茶葉…3tsp（CTC 10g）
水…100cc
キューブアイス…5個（100g）
牛乳…180cc
カルダモン…適宜
三温糖…適宜

※CTCは51頁参照

Iced Jasmine Milk Tea

ICE

南国のリゾートを思わせる香り アイスジャスミンミルクティー

ジャスミン茶にも色々な種類が。今回は「茉莉龍珠」を使用。

作り方

①タピオカを煮て、冷やしておく。

②手鍋で120ccの水を沸騰させ、火を止めて茶葉を入れ、ひと呼吸して牛乳160ccを加え、ふたをして余熱で3分蒸らす（93頁参照）。

③茶殻をこして別の容器に移し、砕いたキューブアイス6個を加える。

④冷えたグラスにタピオカ大さじ2杯とシュガーシロップ15ccずつを入れ③を溶け残った氷ごと等分に注ぎ、太口ストローかスプーンを添える。

【材料２人分・11oz】

◆ジャスミン茶（ダージリンOPタイプで作っても美味）／茶葉…3tsp（7～8g）

水…120cc

牛乳…160cc

キューブアイス…６個（120g）

タピオカ…大さじ４杯

シュガーシロップ…30cc

※OPは51頁参照

ICE

Iced Cambric Tea

その名の通り〝亜麻色〟のミルクティー アイスキャンブリックティー

【材料２人分・8oz】

◆キャンディ、ディンブラ、ルフナ／茶葉…2tsp (BOPF 8g)
熱湯…120cc
キューブアイス…８個 (160g)
牛乳…100cc
ハチミツ…適宜

※ BOPF は 51 頁参照

作り方

①手鍋で茶葉を2分蒸らし（80頁参照）、茶殻をこしながら別の容器に移してハチミツを好みの量溶かす。

②小ぶりのグラスに、細かく砕いたキューブアイスを4個ずつ入れ、①を等分に注ぎ、氷が溶けたら各牛乳50ccを加えて混ぜる。

※ハチミツの鉄分で紅茶が黒ずむのを逆手にとって、上品に仕上げた美しい名前のミルクティー。欧米では子供向けの薄めのミルクティーを指します。

ハチミツとミルクは、紅茶をとてもおいしくしてくれます。

Natural Strawberry Tea

HOT

自然でふくよかないちご の香り
ナチュラルストロベリーティー

作り方

①イチゴを洗い、一部ヘタを残して輪切りにしておく。残りはヘタを取り、カットして手鍋に入れ、焦げ付かない程度の水とグラニュー糖で煮込み、鮮やかな赤いイチゴシロップを作る。

②ティーポットで茶葉を2分弱蒸らす（78頁参照）。

③温めたカップにヘタ付きイチゴの輪切りとグラニュー糖を入れ、茶殻をこして②をカップに注ぎ分け、イチゴシロップを添えて出す。

グラニュー糖で、紅茶もイチゴも、クリアな色と味わいに。

【材料２人分】

◆キャンディまたはアッサム／茶葉…2tsp 弱（BOP 5g）

熱湯…280cc

生イチゴ…適宜

グラニュー糖…適宜

※ BOPは 51頁参照

HOT

Sakura Tea

お花見気分で〝観桜茶〟さくらティー

ぬるま湯で軽く塩抜きをする。
花びらを崩さないように注意。

【材料２人分】

◆ヌワラエリヤまたはセイロンブレンド／茶葉…1tsp強（BOP 4g）

熱湯…300cc

塩漬け桜花…適宜

※BOPは51頁参照

作り方

① 桜花は塩抜きをしておく。

② ティーポットで茶葉を2分強蒸らす（78頁参照）。

③ 茶殻をこして茶碗に注ぎ分ける。

④ 桜花を浮かべる。

※桜花に、わずかに塩気が残っているほうが風味が引き立ちます。意識して茶葉を少なめに、蒸らしを長めにすると、味わい深い紅茶になるでしょう。

Camomile Milk Tea

HOT

こころが和むやさしい風味
カモミールミルクティー

カモミールの花は紅茶より軽いので、意識して多めに。

作り方

①紅茶とハーブを小皿で混ぜ、ティーポットに入れ、150ccの熱湯で3～4分蒸らす（78頁参照）。

②その間に、牛乳150ccを手鍋などで沸騰しないように加熱しておく。

③①のポットに②の牛乳を加え、なじませる（93頁参照）。

④茶殻をこしてカップに注ぎ分ける。

※次はダージリンとアールグレイを混ぜたり、熱湯と牛乳の比率を変えてみてください。甘みはグラニュー糖で。

【材料２人分】

◆ダージリンまたはアールグレイ／茶葉…2tsp弱（OP 4.5g）

カモミール…2tsp(1.5g)

熱湯…150cc

牛乳…150cc

※OPは51頁参照

ICE

Iced Laurel Peach Tea

大人向けのパーティードリンク
アイスローレルピーチティー

風味づけはアニスリキュールやピーチシロップでも代用可。

作り方

①カットした黄桃とシロップにアニスで香りづけし、アニスを取り除く。

②ティーポットで茶葉を2分蒸らす(78頁参照)。やや薄めの味で、蒸らし加減はきちんとした紅茶があう。

③グラスにまず①のシロップを30ccずつ、次に砕いたキューブアイスを4個ずつ入れ、茶殻をこしながら②を等分に注ぐと、冷えて二層になる。

④残りの氷を砕いてそっと足し、①の黄桃とローレルを飾る。

【材料2人分・11oz】

◆ヌワラエリヤまたはニルギリ／茶葉…1tsp強(BOP4g)
熱湯…200cc
キューブアイス…12個(240g)
黄桃シロップ…60cc
黄桃シロップ漬け…適宜
ローレル(月桂樹)…2枚
アニス…適宜

※BOPは51頁参照

ICE

Iced Choco Banana Tea

にぎやかなパフェ風のミルクティー
アイスチョコバナナティー

チョコソースは細い線に見えるように、手早く回しかける。

作り方

①手鍋に80ccの水を沸騰させ、火を止めて茶葉を入れ、ふたをして3分蒸らし、牛乳180ccを加えてなじませる。
②グラスに砕いたキューブアイスを5個ずつ入れ、茶殻をこしながら①を等分に注ぎ、かき混ぜて急冷する。
③らせん状に固めのホイップクリームを絞り出し、チョコソースとスライスバナナを飾る。手順③の前にロングスプーンを差しておいてもよい。

【材料2人分・11oz】

◆アッサム、キャラメルティー、バニラティー／茶葉…4tsp（OP 10g）
水…80cc
牛乳…180cc
キューブアイス…10個（200g）
ホイップクリーム（絞り出し）・チョコソース・スライスバナナ…適宜

※OPは51頁参照

HOT

Lavender Tea

心が落ち着き体が軽くなる ラベンダーティー

【材料２人分】
◆ニルギリまたはセイロンブレンド／茶葉…1tsp強(BOP 4g)
ラベンダー…1/4tsp(0.3g)
ローズマリー…1/3tsp(0.4g) 無しでも可
熱湯…300cc

※BOPは51頁参照

作り方

①紅茶とハーブを小皿で混ぜ、ティーポットに入れ、熱湯で2分30秒蒸らす(78頁参照)。
②茶殻をこしてカップに注ぎ分ける。
※カップにラベンダーの花を浮かべたり、花のついた小枝を添えるとさらにリラックスできます。ローズマリーはお好みで。夏場こそホットで胃腸をいたわりましょう。

ローズマリーを加えると疲れがとれ、香りにも深みが出ます。

HOT

Banana Milk Tea

栄養たっぷり元気をくれる
バナナミルクティー

①はバナナの煮崩れ、牛乳の沸騰や分離に注意しながら加熱。

作り方

①手鍋で牛乳100ccとスライスしたバナナ4～6枚を、とろ火で加熱する。

②茶葉をティーポットで2分～3分蒸らし（78頁参照）、茶殻をこして火を止めた①に注ぎ、なじませる。

③温めたカップに、軽く煮えたバナナごと注ぎ分け、固めのホイップクリームを浮かべ、さらに薄くスライスしたバナナを飾る。

※ラム酒やグラニュー糖、バター少量を加えると風味が増します。

【材料2人分】

◆アッサムまたはケニア／茶葉…2tsp（CTC 7g）
熱湯…180cc
牛乳…100cc
バナナ…適宜
ホイップクリーム…適宜

※CTCは51頁参照

ICE

Iced Flower Tea

見た目にもひんやりと心地よい アイスフラワーティー

ハーブやフルーツコンポートを閉じ込めた氷も、きれいです。

作り方

①ちぎった食用花と水を製氷皿に入れ、冷凍して花氷を作る。
②ティーポットで茶葉を3分蒸らし、茶殻をこして別の容器に移し、好みでグラニュー糖を溶かし、水150 ccと砕いた氷5個を加えて十分に冷やす。
③グラスに花氷を入れて②を等分に注ぎ、残りの食用花を飾る。
※ティーパーティーには段階冷却（91頁参照）などでアイスティーをたくさん作り置きしておけば便利です。

【材料２人分・11oz】
◆キームン、ローズティー、ライチティー／茶葉…3tsp強（OP 8g）
熱湯…150cc
水…150cc
冷却用キューブアイス…5個（100g）
エディブルフラワー（食用花）…適宜
グラニュー糖…適宜

※OPは51頁参照

Brandy Tea

HOT

紅茶とお酒の大人の香り ブランデーティー

ブランデーは直前にたっぷり吸わせるが、量が多すぎては×。

作り方

①ティーポットで茶葉を2分〜2分30秒蒸らす（78頁参照）。
②茶殻をこしてカップに注ぎ分ける。
③角砂糖に、ブランデーを十分しみこませ、ティースプーンにのせる。
④カップの上で、角砂糖に火をつけ、好みのタイミングで沈めて溶かす（部屋を暗くするときれいです）。

※FBOPタイプの茶葉と、洋酒の風味は合わせやすいようです。ラム酒などでも試してみましょう。

【材料2人分】

◆ディンブラ、ニルギリ、ケニア／茶葉…2tsp（FBOP 5.5g）
熱湯…300cc
角砂糖…2個（小粒の場合は6個）
ブランデー…適宜

※FBOPは170頁参照

HOT

Butter Tea

先入観を持たずにまずはひと口 バターティー

本来は中国の固形茶を砕いて使う。プーアール茶も試しては？

作り方

①手鍋で茶葉を4分蒸らし、カップに茶殻をこして注ぎ分ける（80頁参照）。
②岩塩を溶かし、バターを浮かべる。

※塩を減らし、ミルクやスパイスを加えると口当たりがよくなります。身体を温めるスープと思って飲めば意外とやみつきに。元はチベット・モンゴル・ネパールなどの厳しい自然の中で栄養補給のために広まった飲み物で、表面に油膜ができるので冷めにくく、体も温まります。

【材料 2人分】

◆アッサムまたはダージリン（オータムナル）／
茶葉…2tsp 強（OP6g）
熱湯…300cc
バター…2片
塩（岩塩）…適宜

※OPは51頁参照

Iced Melon Milk Tea

ICE

フレンチスタイルの夕食後に
アイスメロンミルクティー

スプーンの背で軽くつぶす。
甘い香りの冷気が心地よい。

作り方

①メロンを2片飾り切りする。
②ティーポットで茶葉を3分蒸らす（78頁参照）。
③小ぶりのグラスに、砕いたキューブアイス4個ずつと果汁、2cm角にカットしたメロン適宜を入れ、軽くつぶす。
④茶殻をこしながら②の紅茶を等分に注ぎ、牛乳50ccずつを加えて混ぜ、①を1片ずつダイナミックに飾る。
※②で茶葉と一緒にメロンの果肉を蒸らせば、さらに香りが強まる。

【材料2人分・8oz】

◆キャンディ、ディンブラ（ダージリンも印象的な風味に）／茶葉…2tsp弱（BOP 5g）
熱湯…120cc
キューブアイス…8個（160g）
牛乳…100cc
メロン…適宜
メロン果汁…適宜

※BOPは51頁参照

ICE

Iced Coconut Milk Tea

アジアンテイストのデザートティー
アイスココナツミルクティー

見た目も美しいココナツパウダーは製菓材料店で入手。

作り方

①手鍋で茶葉を3分蒸らし(80頁参照)、茶殻をこしながら別の容器に移して三温糖をたっぷり溶かし、自然に冷まして紅茶シロップを100cc作る。

②小ぶりのグラスに①を50cc、続いて砕いたキューブアイスを3個入れ、氷にあてながら牛乳100ccを静かに注ぐと2層に分かれる。

③ホイップクリームをのせ、大さじ1杯のココナツパウダーをふってミントを飾る。

【材料2人分・8oz】

◆ジャワまたはルフナ／茶葉…2tsp (BOPF 8g)
熱湯…120cc
三温糖…適宜
キューブアイス…6個(120g)
牛乳…200cc
ココナツパウダー…大さじ2杯
ホイップクリームとミントの生葉…適宜

※BOPFは51頁参照

第2章 一日のティータイムを楽しむ

家族やお友だちとおしゃべりしたい、リラックスしたい、リフレッシュしたい……
一杯の紅茶で楽しめるこんなティータイムをどうぞ。

十九世紀のイギリスで、紅茶は人々のライフスタイルに溶け込むまでに発展を遂げました。英国紅茶について、よく話題になるのが「一日七回のティータイム」です。起き抜けの①アーリーティー、朝食の②ブレックファーストティー、午前のひとやすみ③イレブンジズ、午後のひとやすみ④ミッディティーブレイク、午後遅めの社交のお茶会⑤アフタヌーンティー、田舎の夕食あるいは夜会前の⑥ハイティー、ディナーの後のくつろぎ⑦アフターディナーティー（ランチティーとナイトキャップティーを数える場合もある）。当然、忙しい現代の生活で、全部を習慣にしている人は少ないでしょうが、これをヒントに、日本の生活にあてはめた紅茶の楽しみ方を、休日五回、平日五回のティータイムにアレンジしてみました。

家族そろって、ちょっと朝寝坊。せっかくの良い天気だから、午後の予定は別々でも、みんなでサンドウィッチとサラダのブランチ。
食後には、すてきなティーセットで、すばらしい香りのダージリンを。フレッシュな新芽のパワーをもらって、元気にお出かけしましょう。充実した一日になりそうですね。

《Tea・ダージリンファーストフラッシュ》

産地直輸入のダージリンの新茶（54頁参照）を、基本通りティーポットでじっくり蒸らします（78頁参照）。水色が淡く、特別な茶葉ですから、明るくて品の良い、とっておきのティーセットを使いましょう。

休日は家族みんなで サンデーブランチティー

休日の昼食後にくつろぐ
アイスティーでのんびり

特に用事のない休日は、家でのんびり。前菜を作って、パスタを茹でて、ちょっとボリュームたっぷりの昼食を楽しみました。
昼下がりにはアイスティーをたくさん作ってゆったり食休み。お腹もこなれたら、鉢植えの手入れをしたり、車を洗ったり、ちょっと有意義にからだを動かしましょう。

《Tea：アイスマスカットティー》

食後にぴったりの、濃厚なぶどうの香りがする人気のフレーバーティーです。風味のよい段階冷却法で、たくさん作りましょう（91頁参照）。取っ手のついたグラスは涼しげで、持ったまま家の中を動きやすいので意外と便利。

休日の午後、急な来客に
デミタスティーのおもてなし

電話があって、急な来客。あわてて居間を片付ける前に、お湯を沸かしましょう。

デミタスといえばコーヒー用と思われますが、口が小さく容量も少ないので、夏でも冬でも、香りを楽しみながら、疲労回復の温かい紅茶で、お客様にひと息ついていただくのに重宝します。

《Tea：ハニーレモンティー》

セイロンブレンドやニルギリのホットティーを手鍋で淹れ（80頁参照）、茶殻をこしてポットに移し、ハチミツを溶かします。軽くつぶしたレモンの小片をデミスプーンにのせてお出しします。お茶請けには、ハチミツとオレンジを使った焼き菓子を。

休日の夕食後、ケーキと一緒に アフターディナーティー

友人一家を招いて、にぎやかに夕食会。食後は家族旅行のビデオを見ながら、お土産にいただいた話題のケーキを楽しむとしましょう。

《Tea：ロイヤルブレンドティー》

洋菓子にとても合う紅茶です。今日はハウスブレンドに挑戦してみましょう。ダージリン、アッサム、セイロンのOPタイプ茶葉をティースプーン各二杯、カップ五杯分の熱湯で淹れます（78頁参照）。各自の好みの煮らし加減で茶殻をこしてカップに注ぎ、差し湯とミルクで調節します。慣れてきたらケーキの種類によって、茶葉の配合を2：2：2から増減させてみてください（70頁参照）。

※OPは51頁参照

休日をゆっくり過ごした後に
おやすみ前のナイトティー

楽しいショッピングとすてきなディナーに満足して帰宅。さあ、明日からまた、いつもの一週間が始まります。気持ちもリフレッシュしたところで、身体を休め、ぐっすり眠るための紅茶を一杯、淹れましょう。

《Tea：ロシアンキャラバン》

中国紅茶を使った伝統的なブレンドティーのひとつ。キームン紅茶に、鉄観音茶やラプサンスーチョンをお好みでひとつまみ加えれば即席版のできあがり。手鍋で（80頁参照）ごく薄めに淹れ、ブランデーやポートワインと一緒に楽しみましょう。他に、ハーブを使った安眠ブレンド（138頁参照）もおすすめです。

朝ごはんにはあたたかい
ブレックファーストティー

一日のはじまりは、朝食をしっかりとること。卵にベーコン、焼きたてのパン、そして紅茶とミルクのやさしい香り。カップ一杯の紅茶には適量のカフェインが含まれ、水分やカテキンも多くとれるので、朝の紅茶は健康維持におすすめです。

《Tea・ブレックファースト》

トーストなどの朝食アイテムに合わせたブレンド。手鍋でたっぷり（80頁参照）、またはポットロイヤル（93頁参照）の手順で淹れます。メーカーごとに特徴があるので、我が家の朝食メニューとの相性で茶葉選びを。セイロンBOP、アッサムCTCまたはBOP、ケニアCTCを組み合わせて自家製ブレンドにもぜひ挑戦を（70頁参照）。

※BOP、CTCは51頁参照

仕事の区切りにひと休み ティーブレイクでリフレッシュ

午前十一時、そして午後三時。ほっとひと息、気持ちを切り替えてリラックスするティータイムは大切です。使いなれたマグカップにたっぷりの紅茶。無理して一度に飲み干さなくても、リフレッシュして再び仕事の流れに乗れること、それが大切だと思うのです。

《Tea：アールグレイ》

ベルガモットオレンジの香りが、心をリラックスさせ、身体をリフレッシュしてくれる傑作ブレンド。仕事の合間ですから、マグカップに直接ティーバッグで淹れましょう（86頁参照）。ビスケットや果物などの軽いお茶請けをぜひ一緒に。栄養補給と胃腸の働きをよくするためにも大切なポイントです。

子どもと一緒におやつの時間
和菓子で午後のひととき

平日の午後三時。何も特別な日ではないけれど、和菓子と紅茶で心地のよい静かな親子のティータイム。こういうときは、意外と大事な相談ごとが切り出せたりするものですね。

《Tea：チャイナローズティー》

中国のバラ（メイクイ）をブレンドした紅茶。黒糖や黒蜜、小豆の風味に良く合います。ティーポットで淹れ（78頁参照）、把手のないティーボウルや、煎茶茶碗で楽しみましょう。キームン紅茶に、ドライハーブのバラの花びらを加えれば自家製ブレンドのできあがり。きな粉やさつま芋のお菓子には、バラのかわりにキンモクセイ（桂花）を使ったブレンドがおすすめ。

ほっとしたアフターファイブに
キャラメルミルクティー

仕事のミスで怒られた。帰り道は雨に降られた。でも、プリンは買ってきました！　家に着いたから、もう安心です。あったかいミルクティーを飲んで、元気を出しましょう。

《Tea・キャラメルミルクティー》

コクのある茶葉に、甘いキャラメルの香りを添えた人気のフレーバーティー。手鍋で作るロイヤルミルクティー（84頁参照）でどうぞ。アッサムを使い、カラメルソースやフレーバーシロップを好きなだけ溶かして作る自家製キャラメルティーもおすすめ。食器はユニークなデザインで温かみのある北欧のものを。お茶請けには、ひんやりしたカスタードプリンが好相性です。

休日前にちょっと夜ふかし
ミッドナイトティー

忙しい一週間が過ぎ、明日はお休みです。テレビを消して、自分のために丁寧に紅茶を淹れて、お気に入りの音楽を聴きながら、ゆっくり本を読んだりするのはいかがでしょうか。

《Tea：アッサムオレンジペコー》

産地直輸入のアッサムには、スイートポテトのような甘い香りと、軽やかなコクを持つタイプがあります。手鍋を使い（80頁参照）、ぴたりと自分好みの蒸らし加減で、茶殻をこして全部ポットに移します。２杯目、３杯目も同じ風味を楽しめますが、ラム酒やミルクを少し加えて変化をつけましょう。お茶請けはショートブレッド。静かで豊かな時間には、アンティークのカップがよく似合います。

第3章
知っておきたい紅茶の基礎知識

最近では世界のいろいろな産地からの茶葉が手に入るようになりました。
それぞれに特徴があり、選び方のヒントとして
ぜひ知っておいていただきたいポイントをまとめてみました。

茶葉について

左図のように、紅茶、烏龍茶、緑茶は、ツバキ科の常緑樹である「チャ」（学名カメリア・シネンシス）の葉を使って、異なる製法でつくられています。現代では改良も進み、アッサム種を主とした紅茶向きの茶樹、中国種を主とした緑茶向きの品種が多く育てられています。また、製法で分類された「紅茶」には、下の図表のような「部位の呼び名」や「商品の区分」があります。これらの名称は混用されやすいので注意が必要です。

製法による分類

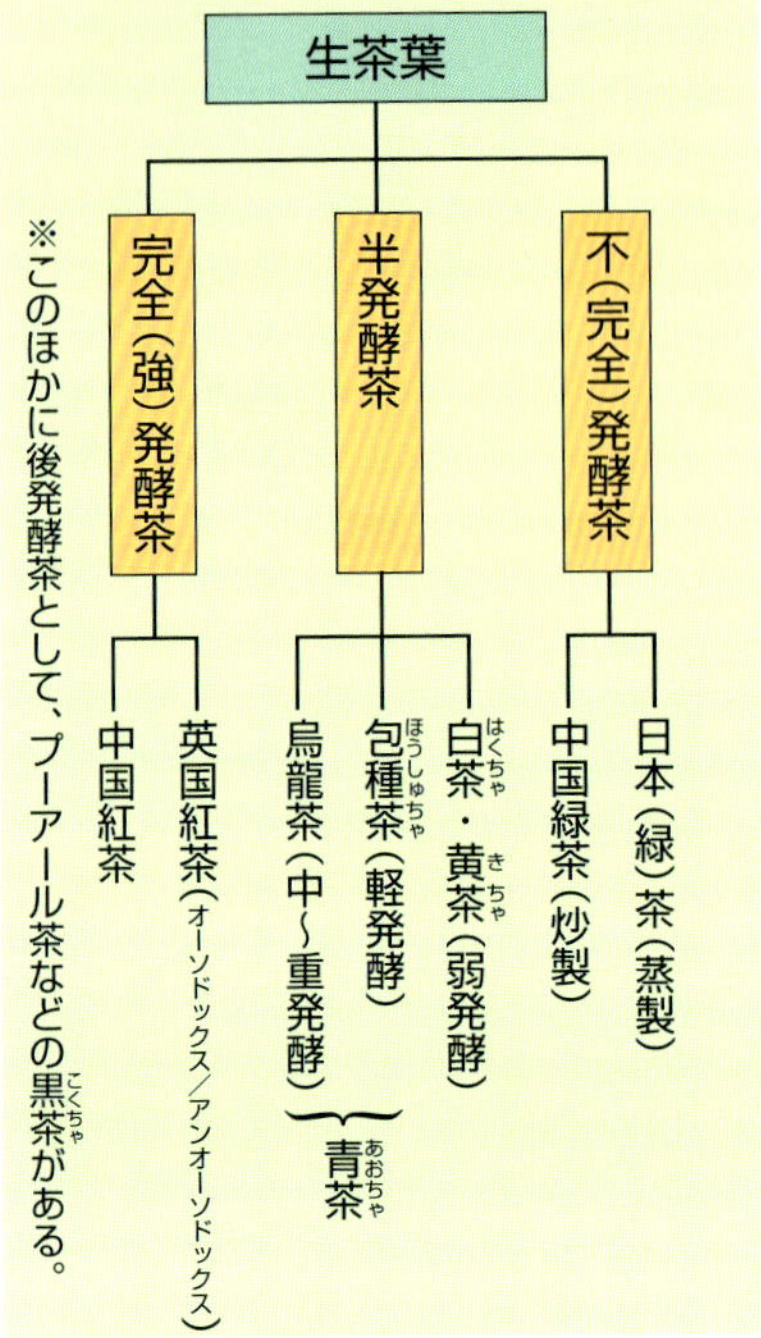

●茶葉の違い（国際基準規格認定の２種）

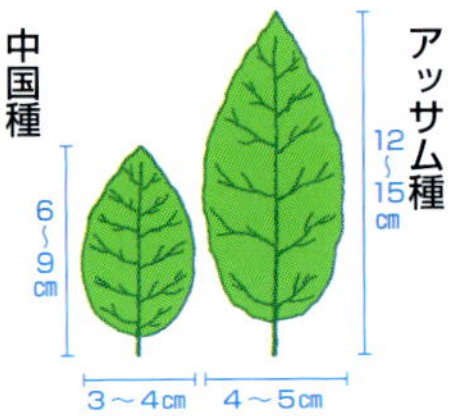

中国種（左）は耐寒性のある潅木で、葉は小さく堅い。アッサム種（右）は高温多湿を好む喬木で、葉は大きく紅茶向き。両者の交配種もつくられている。

紅茶の商品区分

◆産地別紅茶（産地直送品）

●エリア（オリジン）ティー

ニルギリ、ウバなど特定地域の茶葉。

●ガーデン（エステート）ティー

中でも単一茶園の茶葉で作った商品。

◆ブレンド紅茶（メーカー品）

●クラシックブレンド

朝食用など目的別の伝統的レシピで、単一～複数地域の茶葉を調合した紅茶。

●インターナショナルブレンド

複数国の茶葉を使った個性的な商品。

●フレーバーティー

果物やハーブで着香した紅茶（72頁参照）。

●ファンクショナルティー

安眠、美肌といった、機能性を意図してハーブなどをブレンドした商品。

※メーカーや研究者によって、区分の方法が異なる場合もあります。

●リーフの呼び名

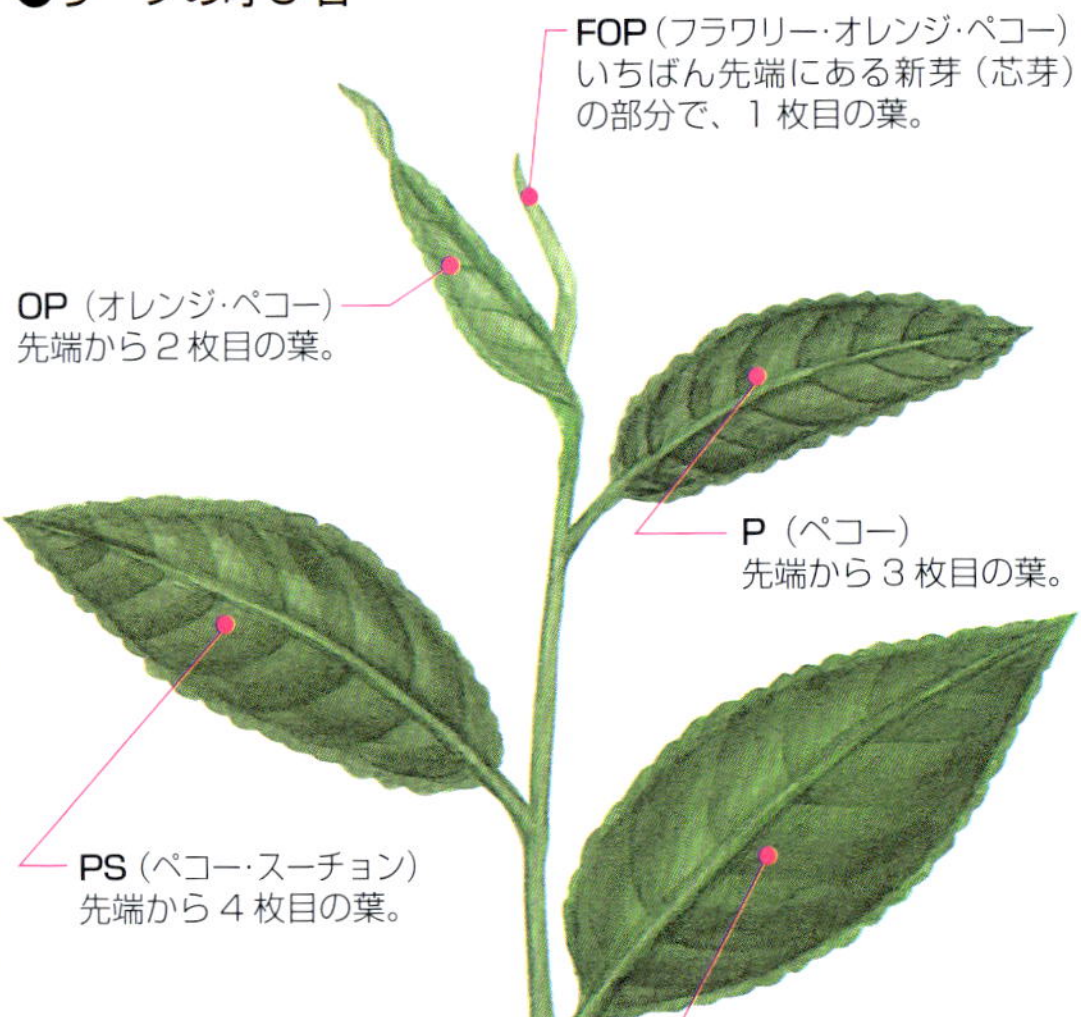
S（スーチョン）
先端から５枚目の葉。

※あくまでもリーフについての呼び名で、左頁のグレードとは区別されます。

茶葉のグレード

紅茶のリーフグレード（等級区分）とは、量ったり蒸らしたりするときの目安になる、品質の善し悪しとは関係ない、茶葉の形状を示す用語。主に商品となるのは下の写真の4タイプ。詳細は左の一覧表で確認を。

CTC
（シーティーシー）

OP
（オレンジ・ペコー）

BOPF
（ブロークン・オレンジ・ペコー・ファニングス）

BOP
（ブロークン・オレンジ・ペコー）

リーフグレード

FOP（フラワリー・オレンジ・ペコー）	OPのなかでも芯芽（チップ）が多く含まれていて、その割合が多いものほど上級とされる。
OP（オレンジ・ペコー）	やわらかな若い葉と芯芽からなり、細長く、よりが強くねじれている。オレンジの香りはしない。
P（ペコー）	OPよりやや堅い葉で、短く太めによられている。OPにくらべて香りも水色も薄い。
PS（ペコー・スーチョン）	Pよりもさらに堅い葉からなり、よりも太く、短い。香りも水色もPより弱い。
S（スーチョン）	PSよりも丸みがあり、大きくて葉は固い。独特の香りが特徴のラプサンスーチョンに使用される。
BPS（ブロークン・ペコー・スーチョン）	PSの茶葉をカットし、ふるいにかけたもの。BPより大。
BP（ブロークン・ペコー）	Pをカットしたもので、BOPよりサイズは大きい。芯芽は含まない。
BOP（ブロークン・オレンジ・ペコー）	OPをカットし、芯芽を多く含んでいる。
BOPF（ブロークン・オレンジ・ペコー・ファニングス）	BOPをさらにふるいにかけたもので小さく、ブレンド、ティーバッグ用に使われる。
F（ファニングス）	BOPFをふるいにかけたもので、かたちは扁平で細かい。ダスト(D)よりも大きい。
D（ダスト）	ふるいにかけて分けたもので、葉のサイズがもっとも小さい。
CTC（シーティーシー）	茶葉のグレードではなく、製法の一つで機械を使って細かく丸めたもの。

※このほかに「SFTGFOP1」などの各メーカー、茶園独自の表示があります。

さじ加減のコツ

まずは湯の量を固定して、ティースプーンで茶葉を量り、試しに淹れます。飲んでみて香りが弱ければ次回は時間を延ばし、エグ味があれば時間を短くします。水っぽく感じたら次回は茶葉の量を増やします。

例としてOPタイプのアッサム3gを、沸騰した東京の水（硬度約60　76頁参照）150ccで蒸らしてみましょう。2分だと香りが弱く、5分では香りは十分ですがエグ味が残るので、蒸らし時間は3～4分が適当と判明。参考までに、10分だと渋みが強すぎました。

濃度

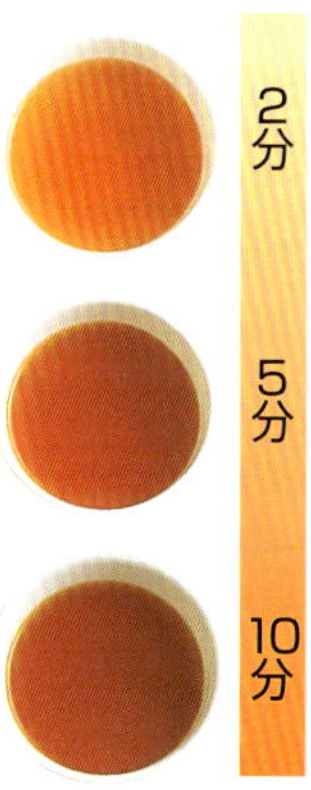

紅茶の味わい方

紅茶の味を覚える早道は、同時に2種類淹れるか、同じ茶葉で淹れ方を変えて、飲み比べてみることです。紅茶自体のおいしさは、水色《すいしょく》、香り、味の3要素で判断できます。まずカップを持ち、液体の明暗・清濁・色調（黄～赤～茶）を見て、次に立ちのぼる香りを聞き、口当たりを確かめ、口に含んだときの香りを聞き、のど越し、舌や口の中に残るあと味、そして飲み込んだ後の残り香を聞きましょう。この流れで、総合的に味わうのですが、最も印象を左右するのは、やはり場の雰囲気なのです…。

紅茶の産地と茶葉

紅茶の産地は世界中に分布していますが、どこでも産出されるわけではなく、気候条件や自然環境などによって限られています。紅茶の生育範囲は北緯45度から南緯35度の範囲に広く分布していますが、主な生産地はだいたい赤道と北回帰線の間の熱帯あるいは亜熱帯地域に多く見られます。その範囲のことを「テイーベルト」と呼んでいます。

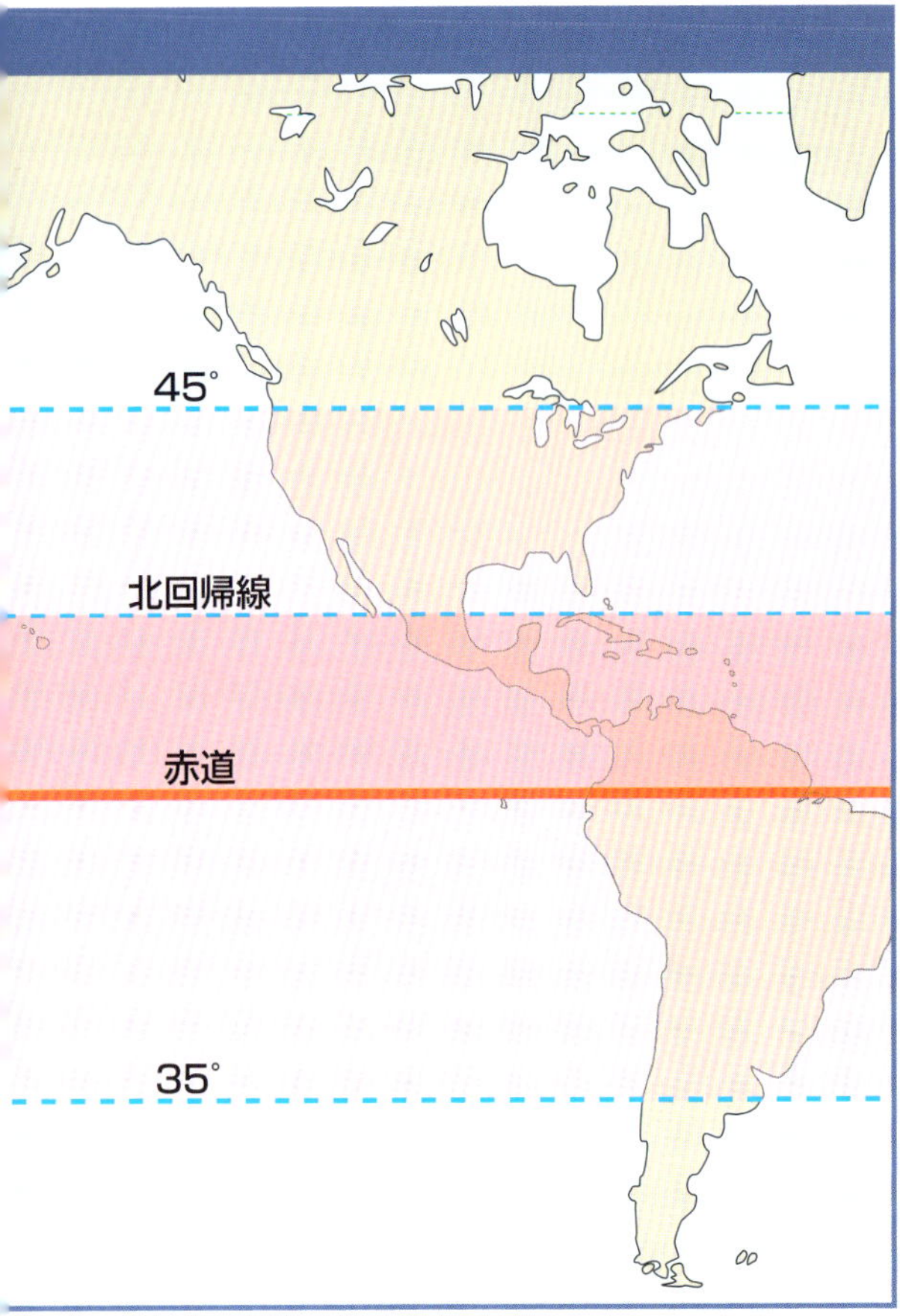

紅茶ができるまで

① **摘採《てきさい》**
茶摘みのことで、通常は主に先端の芯芽と若葉を手作業で丁寧に摘み取る。

② **萎凋《いちょう》**
摘んだ茶葉をしおれさせ、茶葉に含まれる水分を減らしてもみやすくする。

③ **揉捻《じゅうねん》**
茶葉の発酵をしやすくするために、よりをかけながら葉をもんで茶汁を出す。

揉切《じゅうせつ》（ローターバン、CTCなどの場合）
もんだ茶葉を細かくよじり切り、発酵をさらにすすめるようにする。

④ **玉解《たまど》き・ふるい分け**
もまれて玉のように固まっている葉をほぐし、ふるいにかけて大きさを均等にする。

⑤ **発酵**
茶葉を一定の温度を保った発酵室や発酵棚で酸化酵素により発酵を促す。

⑥ **乾燥**
発酵して色が変わった茶葉を熱風で乾燥し、あわせて酸化酵素の働きを止める。

⑦ **クリーニング・区分け**
さまざまな混入物を取り除いてふるいにかけ、葉の大きさと形状ごとに区分して、ブレンド（配合）原料にする。

●世界の紅茶産地とティーベルト

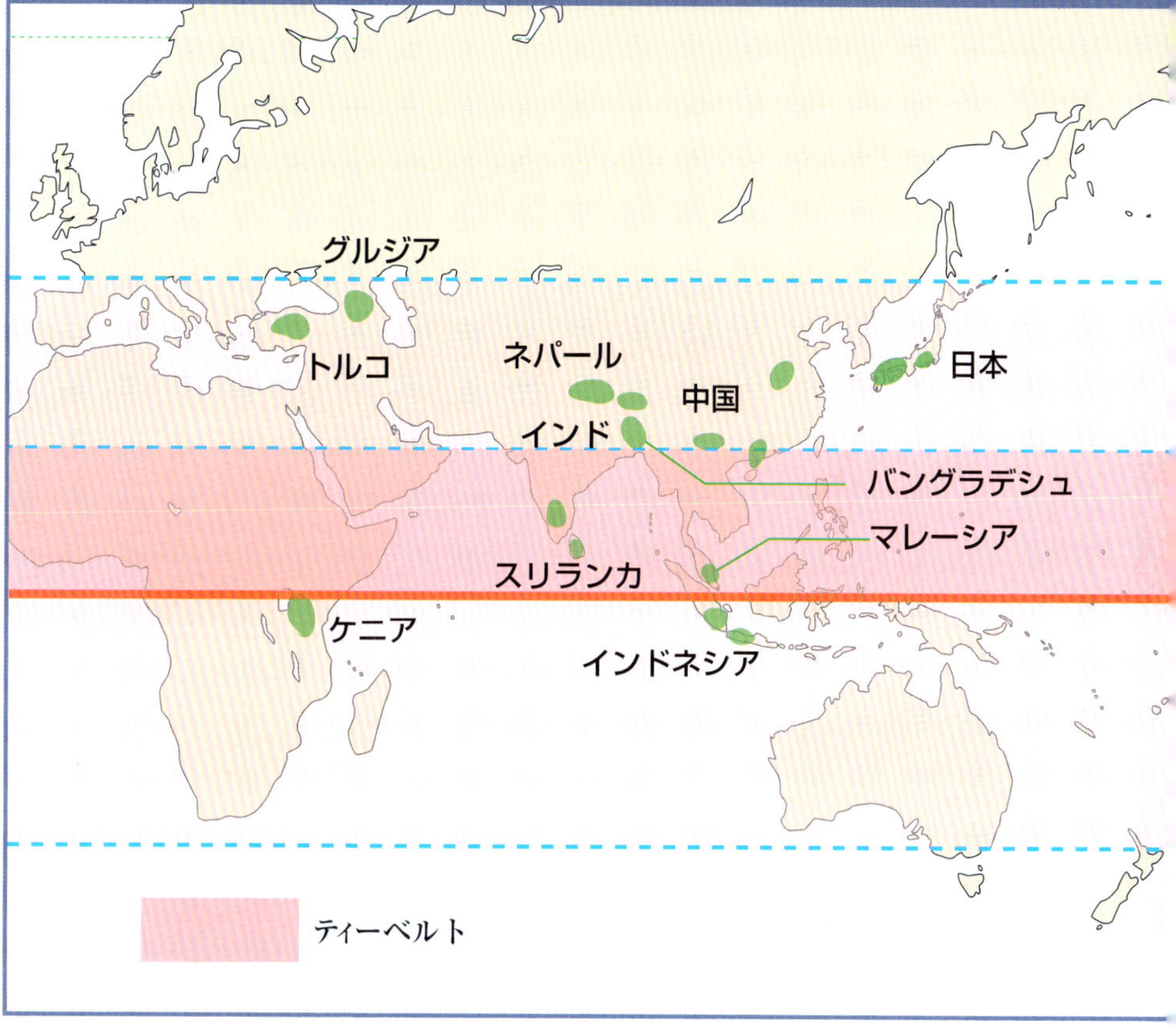

●クオリティシーズンカレンダー

<table>
<tr><th>月／産地</th><th>1</th><th>2</th><th>3</th><th>4</th><th>5</th><th>6</th><th>7</th><th>8</th><th>9</th><th>10</th><th>11</th><th>12</th></tr>
<tr><td rowspan="2">インド</td><td colspan="2">ニルギリ</td><td colspan="2">ダージリンファーストフラッシュ</td><td colspan="2">ダージリンセカンドフラッシュ</td><td></td><td></td><td></td><td>ダージリンオータムナル</td><td></td><td></td></tr>
<tr><td></td><td></td><td></td><td></td><td colspan="2">アッサム</td><td></td><td></td><td></td><td></td><td></td><td></td></tr>
<tr><td rowspan="2">スリランカ</td><td></td><td colspan="2">ディンブラ</td><td></td><td></td><td></td><td colspan="2">ウバ</td><td></td><td></td><td></td><td></td></tr>
<tr><td colspan="3">ヌワラエリヤ</td><td></td><td></td><td></td><td></td><td></td><td></td><td></td><td></td><td></td></tr>
<tr><td>中国</td><td></td><td></td><td></td><td colspan="2">キームン</td><td></td><td></td><td>キームン</td><td></td><td></td><td></td><td></td></tr>
<tr><td rowspan="2">インドネシア</td><td></td><td></td><td></td><td></td><td></td><td></td><td></td><td colspan="2">ジャワ</td><td></td><td></td><td></td></tr>
<tr><td></td><td></td><td></td><td></td><td></td><td colspan="3">スマトラ</td><td></td><td></td><td></td><td></td></tr>
<tr><td>ケニア</td><td colspan="2">ケニア</td><td></td><td></td><td></td><td></td><td colspan="2">ケニア</td><td></td><td></td><td></td><td></td></tr>
</table>

紅茶の生産地では年に何回か茶摘みが行われますが、1年のうちでもっとも品質のいい茶がとれる季節を「クオリティシーズン」と呼んでいます。このシーズンの茶葉は、日本にはやや遅れて届きます。また、「ベストシーズン」というのはもっとも多く茶葉が収穫されるシーズンのことで、クオリティシーズンとは異なります。

INDIA
インド

ダージリン ファーストフラッシュ

春摘みの一番茶を手摘みで丁寧に仕上げた人気の紅茶

ダージリンは、インド北東部の高地、ブータンとネパールに挟まれたヒマラヤ連峰カンチェンジュンガ山麓にある地域で、世界でも代表的な産地として知られています。世界風味、香り、コク、すべてにすぐれた味わいは人気があり、キームン、ウバとともに世界三大銘茶の一つにあげられています。ダージリンは3月から11月にかけて収穫されますが、茶葉を摘むシーズンによって、さまざまな味わいが楽しめるのも特徴です。

収穫時期

寒い冬が終わり、やわらかな日差しとともに気温が少しずつ上昇する春を迎えると、茶の生産が始まります。3月から4月頃にかけて、やっと芽吹いた新芽を手で丁寧に摘み取った「一番摘み」の茶葉で仕上げたものがファーストフラッシュです。生産量も少ないので、当然、価格も高くなります。

味と香り

この時期に摘み取られた茶葉は浅緑色の葉が多く混じっていて、若々しい風味と香りが特徴です。口に含むとほのかな渋みとまろやかさ、かすかな甘みが広がり、新芽から生まれた紅茶ならではのフレッシュな味わいが楽しめます。グリニッシュといわれるさわやかで若々しい香りがあって、緑茶に似ています。

水色

透明感があって、淡い黄味がかったオレンジ色が特徴です。光が入ると黄金色にみえて、初々しい美しさがあります。

等級区分

大型のOP（オレンジ・ペコー）タイプのものが中心です。新芽なのでタンニンなどの成分が少なく、発酵しにくいために緑茶のような緑色をしています。

春を迎えると、やっと芽吹いた新芽をひとつひとつ手で丁寧に摘み取る。

INDIA
インド

ダージリン セカンドフラッシュ

「紅茶のシャンパン」と称されるほど、ふくよかで優雅な味わいが特徴です

寒暖の差が激しくなるカンチェンジュンガ山麓は、晩春から初夏にかけて濃い霧が発生しやすいという気候条件があります。その霧に包まれて2回目に芽伸びする茶葉でつくられた紅茶がセカンドフラッシュです。茶葉の生育に最も適した環境のもとで生まれた茶葉は、味も香りもしっかりとしていて最高級のものが多く産出されます。

収穫時期

本来のクオリティシーズンといわれる5月~6月に収穫されます。日中の強い日射しと朝晩の冷え込みによる寒暖の差によって霧が発生し、茶葉がしっかり生育する条件に理想的な時期とされています。

味と香り

濃い霧に包まれて育った茶葉は、最も充実した味、香りを生み出します。「紅茶のシャンパン」と賞賛されるほどにふくよかでバランスのとれた味と香りは、優雅な品格をただよわせます。特に良質なものはマスカットのような芳香とふくよかでしっかりとした渋みとコクのある味わいが特徴で、「マスカテルフレーバー」といわれています。

水色

茶葉の色はファーストフラッシュよりも濃い褐色で、水色はやや琥珀色に似た深みのあるオレンジ色をしています。

等級区分

茶葉の長さは7~11ミリくらいで、茶葉をそのまま撚《よ》って細長く仕上げたOPタイプです。

山麓一帯に広がる茶畑では、味も香りもしっかりした最高級のものが産出される。

INDIA インド

ダージリンオータムナル

美しい色合いと、ほのかな渋みと
甘い香りがマッチした秋摘み紅茶

7月から8月にかけての雨期が終わり、カンチェンジュンガ山麓に秋が訪れると少量ながら良質の茶葉ができる季節となります。この時期に摘まれる茶葉がオータムナルです。秋風とともに日ごとに気温が下がる11月中旬頃になると茶畑は休眠期を迎えます。

収穫時期

さわやかな秋が訪れる9月下旬から11月初旬に収穫されます。

ダージリン地方ではその年最後の摘み取りになる紅茶です。

味と香り

秋を感じさせるような落ち着いた風味があり、ほのかな渋みとともに深くおだやかな味わいと、芳醇な甘い香りが特徴です。味、香りともに春摘みや夏摘みとも違った趣があり、人気もあります。

水色

バラを思わせる美しい赤みをおびたオレンジ色で、この色合いから「ロージーオータムナル」とも呼ばれています。

等級区分

OPタイプが中心ですが、セカンドフラッシュとくらべて形状は粗い感じです。

INDIA インド

シッキム

ダージリンに似ていますが、
なかなか手に入りにくい幻の紅茶

ダージリンよりさらに北側にあるヒマラヤ山麓の高地にあって、かつてシッキム王国があったインド・シッキム州政府が管理する唯一の茶園「テミ茶園」で生産されています。気候条件がダージリンに似ているために春、夏、秋と変化する風味も類似していますが、シッキムには茶園が一つしかないため、生産量も少なくなかなか手に入りにくい紅茶です。

収穫時期

3月から11月にかけて、茶摘みは手作業で丁寧に行われています。

味と香り

類似する気候条件とともに、植樹に際してダージリンの茶樹を譲り受けていることから、味も香りもダージリンと同じような流れをくんでいます。ダージリンより渋みは比較的少なく、コクもまろやか。軽やかな甘い香りが特徴です。

水色

水色もダージリンに似ていて、やや濃いめのオレンジ色で透明感があります。

等級区分

OPタイプで、茶葉の色は緑色がかった褐色です。

INDIA インド

ドアーズ

あっさりとしたコク。
口当たりもよく飲みやすい紅茶です

インド北東部に位置し、ダージリンとアッサムとの中間に広がるドアーズ丘陵地帯で産出される紅茶です。

生産されたものは、主に国内市場向けにブレンド用の原茶やティーバッグにされているため、これまではそれほど知名度はありませんでした。

収穫時期

3月から11月にかけて収穫されますが、春と秋がクオリティシーズンで、なかでも秋摘みのものが「ローズオータムナル」と呼ばれて人気があります。

味と香り

見た目ほど渋みは強くないので口当たりもよく、ダージリンのような繊細で芳醇な香りとアッサムのようなしっかりとしたコクのある味わいがあります。とくに秋に摘まれたオータムナルはバラのような香りをもっています。

水色

やや赤みがかった濃いオレンジ色をしています。

等級区分

CTC製法が主ですが、OP、BOPタイプのガーデンティーもあります。

INDIA インド

テライ

さわやかなコクと
大人びた香りが特徴です。

インド北東部、ヒマラヤ山脈南側の平坦地。テライとは「山の麓」の意味で、北がダージリン、西がネパール東部丘陵、川を挟んで東がドアーズ、という地域に約60の茶園があります。ドアーズと同様、主にインド国内向けに、ブレンドティーやティーバッグ原料用の紅茶をCTC製法で作っています。輸出品は、ドイツや東欧で人気があります。

収穫時期

3月から11月にかけて生産されます。クオリティシーズンは春と秋。

味と香り

ドアーズとよく似ていて、やわらかなコクがあり、あっさりとした味わいが特徴です。素直な口当たりに、ほのかな渋みと、ほうじ茶のような風味が隠れており、ミルクを加えると、マロンパイなどに合いそうな、大人びた味わいになります。

水色

落ち着いた濃い赤が特徴で、ミルクティーも、美しくおだやかな色をしています。

等級区分

ほとんどがCTC製法ですが、輸出品のオーソドックス茶葉も少量存在します。

INDIA
インド

アッサム

芳醇な香りと
しっかりとした強い甘味が、
ミルクティーでも格別な味

オーソドックス茶葉

CTC茶葉

インド北東部の平原地域に位置するアッサムは、インドでも最大の生産量を誇る一大産地。19世紀のはじめにイギリス人によって新種のお茶の木が発見されて生産が始まったといわれ、以降、インド紅茶を代表する産地としてその地位を確立しました。生産の90%を占めるCTC製法の茶葉は、アッサム紅茶の大切な特徴であるコクの部分を、手早く確実に抽出するのに向いており、このCTC製法とオーソドックス製法（OP、BOPなど）の茶葉を上手に使い分けるのが、楽しみ方のコツといえそうです。

収穫時期

通常は3月から11月にかけて収穫されますが、3月から4月にかけて生産されるファーストフラッシュ、5月から6月のセカンドフラッシュ、10月ごろのオータムナルがあります。

味と香り

軽やかで甘い香りのファーストフラッシュはストレート向き。「モルティフレーバー」と呼ばれ、芳醇な甘みと力強い味わいが特徴のセカンドフラッシュはミルクティーに。味に深みがあって後味がさわやかなオータムナルはストレート、ミルクティーに。

水色

濃い赤褐色。収穫時期により、明るさと透明感が少し変化します。

等級区分

CTC製法が主流。クオリティシーズンにはOP、BOPタイプのものも生産されます。

収穫時期は３月から１１月であるが、ファーストフラッシュ、セカンドフラッシュ、オータムナルといろいろな茶葉が生産される。

INDIA インド

ニルギリ

スリランカの紅茶のような
香りと味わいが人気です

南インドのタミールナド州にある西ガーツ山脈の丘陵地、「ブルーマウンテン（青い山）」と呼ばれるニルギリ高原で生産されています。地理的に南インドはスリランカに近いために気候もよく似ており、セイロン紅茶のような味わいをもつものがあります。

収穫時期

一年中温暖な気候で、年2回のモンスーンの働きにより雨期と乾期に分かれますが、一年を通して安定した生産が行われています。クオリティシーズンは1月から2月で、8月から9月も、良質のものが多く収穫されるといわれています。

味と香り

くせのない香りとほんのりとしたやわらかな味わいが特徴で、良質のものにはさわやかな香味と適度な渋みがあります。ストレートでもミルクを入れてもおいしくいただけます。

水色

やや赤みを帯びた明るいオレンジ色。

等級区分

BOPタイプの細かい茶葉が中心となっています。

「茶園ごとの味」を楽しむ

日本茶には静岡茶、宇治茶など、産地ごとの特徴が楽しめたり、「誰々さんのお茶」といった生産者の方のこだわりを味わう商品がたくさんあります。

紅茶も、産地ごとの大まかな特徴がわかるようになったら、さらに踏み込んだ楽しみ方に挑戦してみましょう。

身近に売られている茶葉は、例えば「ダージリン」なら「インド国のダージリン地方」でとれた産地別紅茶（エリアティー）ということまでは知ることができますが、実はダージリン地方は大まかに7つの地区に分けられ、さらには、そこに80以上の茶園があって、個性的な特定茶園の紅茶（ガーデンティー）がつくられているのです。

通常「ダージリン」として売られている商品は、メーカーが解釈した産地の特徴的な味を、所属するティーブレンダーがいくつかの茶園から入手した茶葉をブレンドしてつくりあげたもので、これは「アッサム」、「ウバ」といった他の産地名の商品でも同じことなのです。

情報の時代にふさわしく、年々茶園のブランド化が進み、こういった茶葉が比較的簡単に入手できるようになりました。ダージリンだけでなく、世界の各産地に「ごひいきの茶園」を見つけて、さらには季節ごとに茶葉を取り寄せ、収穫時期による変化も感じながらじっくりと味わってみませんか？

SRILANKA スリランカ

ヌワラエリヤ

緑茶のような繊細さと、
さわやかな渋みがあります

スリランカの南西部に位置し、標高は約1800メートルの山岳地帯の中心でつくられているのがヌワラエリヤです。はじめは未開の地でしたが、茶葉の栽培が始まると避暑地としても発展。現在も「リトルイングランド」と呼ばれています。

収穫時期

この地域はスリランカのなかでは最も標高が高く、東側にはウバ、西側にはディンブラという大生産地があり、個性的な味わいのあるハイグロウンティー（高地産茶）がつくられています。ヌワラエリヤはその中間にあるため、両地域のよい影響を受けています。クオリティシーズンは1～3月です。

味と香り

上品で清々しく、花のような甘い香りがあって、日本の緑茶のようなさわやかな渋みがあるのが特徴です。

水　色

黄色みがかった淡いオレンジ色で、透明感があります。

等級区分

BOPタイプが中心ですが、BOPF、OPタイプもあります。

SRILANKA スリランカ

ウダプセラワ

高地の気候の恩恵を受けた
香り高い紅茶です

ウバ地区北部とヌワラエリヤに接しているところが、近年話題に上るようになったウダプセラワの山地です。ウバ、ディンブラ、ヌワラエリヤとともにハイグロウンティーの紅茶産地で、気候的にはウバと似ています。

収穫時期

モンスーンの影響でクオリティシーズンは2度訪れます。

北東モンスーンに影響を受ける夏から秋にかけての7月～9月と、ヌワラエリヤに近接する一部の地域では南西モンスーンの影響を受けるために冬から春にかけての1月～3月に迎えます。

味と香り

季節風の影響を受けた高地の冷たくて乾燥した気候によって、ウバ茶とはひと味違った香り高い紅茶が生産されます。花のような繊細な香りとおだやかなコクがあって、マイルドな味わいが特徴です。

水色

明るいが少し濃いめのオレンジ色をしていて、透明感があります。

等級区分

BOPタイプが中心です。

SRILANKA スリランカ

ウバ

世界三大銘茶の一つとして、
特徴的な香りと良質な味わいが人気

スリランカ中央山脈の東側に位置する標高1200メートル以上の高原、ウバ地方で生産されるハイグロウンティーは、インドのダージリン、中国のキームンとともに世界三大銘茶の一つに数えられ、人気の高い紅茶です。「ウヴァ」とも表記されます。

収穫時期

収穫は一年を通して行われていますが、南西モンスーンが吹きつける5月～9月の乾期に摘まれる茶葉が香りもよく、特に7月～9月が良質のものとされています。

味と香り

クオリティシーズンに生産される高品質の紅茶には、メンソール系の刺激のある香り「ウバフレーバー」があります。すっきりとした香りのなかに刺激的でさわやかな渋みとコクが感じられるのがウバ茶の魅力です。

水色

赤みの強い美しいオレンジ色が特徴。バランスのとれた高品質のものには、「ゴールデンリング（コロナ）」という金色の輪が、カップの縁にみられます。

等級区分

BOPタイプが中心。OPタイプもあります。

シルバーチップ・ゴールデンチップ

チップというのは、まだ開かない茶葉の先端にある芯芽のことで、外側が白いうぶ毛で光っています。芯芽だけをひとつ一つ丁寧に手で摘んで自然乾燥したものをシルバーチップといい、やや黒っぽい灰色をしています。ゴールデンチップは芯芽のうぶ毛が発酵した紅茶液で染まって金色に光った状態のものをいいます。

いずれも生産量が限られているため希少価値があり、中近東では貴重品として扱われています。味と香り、水色はとても淡泊で神秘的な風味です。

▲シルバーチップ

▼ゴールデンチップ

標高によって分かれる茶葉の産地

スリランカの茶葉の産地は標高によって３つに区分されています。600メートル以下の低地産をロウグロウン、600～1200メートルの中地産をミディアムグロウン、1200メートル以上の高地産をハイグロウンと呼んでいます。なかでも、ウバ地区のような高地で育成されるハイグロウンティーは、最高級品として知られています。

SRILANKA スリランカ

ディンブラ

紅茶本来の味が堪能できる オーソドックスな味わい

スリランカ中央の山岳地帯の南西部にあって、ウバとは中央山脈を挟んで反対側の高地です。年間の生産量も多く、茶葉も季節による変質もあまりみられず、品質も安定していてバランスのとれたハイグロウンティーを産出しています。

収穫時期

山の反対側に吹くスリランカ特有の北東モンスーンの影響を受けて、乾燥した日々が続く2～3月頃がクオリティシーズンにあたります。その期間以外は気候による茶葉の変質はあまりみられず、年間を通して安定した味わいが楽しめます。

味と香り

味、香りともにバランスがとれていて、紅茶らしいオーソドックスな味わいがあります。ほんのりと花のような香りと適度な渋みに爽快感が加わってのどごしもよく、紅茶本来の味を楽しむことができます。

水色

鮮やかなオレンジ色がかった深紅色をしています。

等級区分

ＢＯＰタイプが中心ですが、ティーバッグ用のＢＯＰＦタイプもみられます。

SRILANKA スリランカ

キャンディ

セイロン紅茶の生みの親が開いた 歴史のある茶葉の生産地

スリランカ南部の内陸部で、かつてシンハラ王朝の都があったところ。ヌワラエリヤの北方、標高７００～１４００メートルの中産地でつくられています。セイロン紅茶の生みの親といわれているイギリス人、ジェームス・テーラーが最初に茶園を開いた歴史的な場所としても知られています。

収穫時期

年間を通して収穫されていますが、ミディアムグロウンティーの特色を持ち、品質も安定していてバランスのよいのが特徴。

味と香り

渋みは少なく、芳醇な香りがするセイロン紅茶らしい味わいがあります。くせがなくすっきりしているので口当たりもよく、飲みやすいのが特徴です。ストレートでも、アレンジメントティーやアイスティーでも、おいしく召し上がれます。

水色

高地産のものと比べるとやや濃いオレンジ色をした赤色で、鮮やかで輝きがあります。

等級区分

細かいＢＯＰタイプのものが多く、赤みのある黒褐色をしています。ＣＴＣ製法のものもあります。

SRILANKA スリランカ

ルフナ

スリランカ南部特有の気候で育てられたスモーキーな香り

スリランカの紅茶産地ではウバ、ヌワラエリヤ、ディンブラ、キャンディ、そしてルフナの五カ所が有名です。なかでもルフナは中央山脈の南、標高600メートル以下のもっとも標高が低いロウグロウン地域で生産される茶葉です。

収穫時期

熱帯雨林の高温多湿な地域にあるため茶葉の成長がよく、年間を通して収穫されます。茶葉の大きさはほかのものより1.5～2倍くらい大きくなるのが特徴です。

味と香り

特異な自然環境のなかで育成されるため、あまり個性がないといわれているロウグロウンティーのなかでもユニークな味わいを持っています。ほどよい渋みと、いぶしたようなスモーキーフレーバーが特徴。

水色

発酵が強いので深みのある濃い赤色が特徴で、ミルクティーにするときれいなクリームブラウンの色が楽しめます。

等級区分

やや大きめのBOPタイプが一般的で、黒っぽいものが良質のものとされています。OPタイプもあります。

SRILANKA スリランカ

セイロンブレンド

セイロン各産地のおいしさを集めたシンプルなブレンドティー

スリランカの国土は、インド洋に浮かぶ「セイロン」という、北海道ぐらいの大きさの島。島全体でとれた紅茶に「セイロンティー」というブランド名をつけて輸出してきました。島内の各産地に共通するおいしさをもつシンプルなブレンドティーは、国際的な紅茶取引の指標になっています。

収穫時期

スリランカ各地で収穫されたものを、同じ味わいで安定した価格に収まるようにブレンドするので、一年を通じて新鮮なものが入手できます。

味と香り

口当たりがよく、コクと切れ味のバランスがとれています。ウバやディンブラよりおだやかで、ルフナより軽く、キャンディに近い味。スリランカ紅茶共通のさわやかな香りがあります。

水色

やや深みのある紅色。

等級区分

BOPが主流ですが、OPはフレーバーティーのベース茶葉として、BOPFやCTCもティーバッグ用として広く流通しています。

CHINA
中国

キームン

世界三大銘茶の一つ。花のような香りと芳醇な味わいの秘密

スペシャル茶葉

スタンダード茶葉

上海の西に位置し、中国を代表する美しい黄山山脈がある安徽《あんき》省祁門《きーむん》県で生産される紅茶で、ダージリン、ウバとともに世界三大銘茶の一つとして知られています。「キーマン」、「キーモン」と呼ばれることもあります。

収穫時期

収穫時期は主に4～5月で、手間をかけて丁寧につくられ、8月に出荷されます。

味と香り

広く親しまれている普及品（スタンダード）は、スモーキーで濃厚な香りが特徴。まろやかな甘みとコク、抑えられた渋みを持ち、中硬水でもその雰囲気を失わず、ヨーロッパでは「中国茶のブルゴーニュ酒」と称されます。ミルクティーやアイスティーも個性的で、フルーツをたっぷり使ったパウンドケーキなどによく合います。対して上級品（スペシャル）は生産量が少なく、一芯一葉で厳選して摘まれるなど、高価な茶葉として珍重されています。「祁門香」というランやバラのような優雅な香りに、黒蜜のような甘さと芳醇な味わいを持ち、バランスのとれた心地よい風味が楽しめます。とっておきのおもてなしに、ストレートで、繊細な味の和菓子などに合わせます。

異なったおいしさと方向性を持つ普及品と上級品の境界があいまいなうえ、混同して説明されてしまうことが多いようですが、つまりは「ティータイムに合わせて茶葉を選べる、通好みの銘茶」といえるでしょう。

水色

普及品は褐色がかった濃いオレンジ色。上級品は明るい黄褐色。

等級区分

細く撚《よ》られたOPタイプで、しっとりとした黒みを帯びています。キームンは茶葉の大きさに関係なく、風味の違いが等級で表示されることがあるので注意しましょう。

ダージリン、ウバとともに世界三大銘茶の一つとされるキームン紅茶を生み出す安徽省祁門県の茶畑

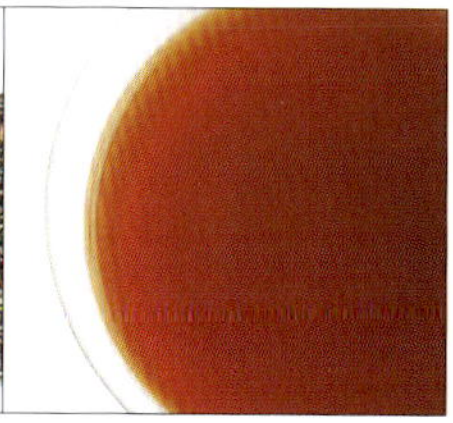

CHINA 中国

雲南

プーアル茶で有名な雲南省でつくられている風味豊かな味わい

プーアル茶で有名な中国西南部、雲南《うんなん》省で生産されています。茶葉の大きなアッサム種に近い雲南大葉種を主原料につくられています。

中国では「滇紅《てんこう》」とも呼ばれています。

収穫時期

3月～11月にかけて収穫されます。春に摘まれるものには上質のものが多く、丁寧に仕上げられた茶葉にはゴールデンチップが豊富に含まれていて、外見に瑞々しさがあるのが特徴です。

味と香り

味わいはアッサム茶と似ていますが、のどごしのよい渋みとコクに、繊細な香りが持ち味となっています。雲南紅茶独特のスパイシーな香りとほのかな甘みを感じます。

繊細な香りをストレートで、好みでミルクティーでも楽しめます。

水色

赤みをおびたオレンジ色をしています。

等級区分

やや黒みをおびた黄褐色で、OP、BOPタイプのほかに、CTC製法のものもみられます。

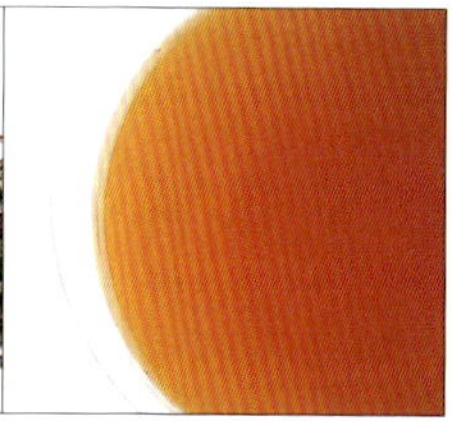

CHINA 中国

ラプサン・スーチョン

イギリス人も魅せられたユニークな強い香り

中国茶の名産地、福建《ふっけん》省武夷《ぶい》山周辺でつくられる独特の芳香を持つ紅茶。松の木を燃やした熱気で茶葉を乾燥させ、その煙でスモーキーな香りをつけた一種のフレーバーティー。

アクセントとして他の紅茶にひとつまみ加えても楽しめます。

収穫時期

茶葉は主に4～5月に収穫されます。着香茶のため、ピークの時期はありません。

味と香り

ほどよいコクと渋みの少ない味。一般に流通しているものは、紅茶と思えないほどユニークな、正露丸に似た強い香りが特徴。スモークサーモンやチーズによく合います。福建《ふっけん》省武夷《ぶい》市桐木《とんむ》地区で作られる伝統的な茶葉は、アールグレイに通じる柑橘系の軽やかな風味で、まったく異なるおいしさを持っています。

水色

やや褐色がかったオレンジ色をしています。

等級区分

茶葉は黒っぽく、大きめで撚りの少ないものと、普及品のキームンに似た形状のものとがあります。

その他の国の紅茶

BANGLADESH バングラデシュ

バングラデシュ

アッサムにも似た味わいをもち、
大地の香りを思わせる素朴で力強い味

インド、アッサム州の南側にあるシルヘットとチッタゴン両地域の丘陵地帯で栽培されています。シルヘットはもともと旧英領インドのアッサム地域に帰属していましたが、分離したという経緯があります。そのため紅茶の質はアッサムに似ています。

収穫時期

収穫期間は短く、６月から11月にかけて行われます。

味と香り

素朴ながら力強い味で、ほんのりと土の香りを感じます。

水 色

黒っぽい濃い褐色をしていて、ミルクティーに適しています。

等級区分

ＣＴＣ製法のものがほとんどです。

KENYA ケニア

ケニア

歴史は浅いが飛躍的な
発展をとげている一大紅茶生産国

紅茶生産の歴史は浅いがインド、スリランカに次ぐ生産量があり、輸出量では世界一を争うほどの飛躍的発展をとげている紅茶生産国です。全体に標高の高いケニアは茶葉の産地も１５００メートル以上の高地にあって、茶樹に適した理想的な気候条件や豊かな土地、そして優れた生産力をもっています。

収穫時期

安定した気候によって、年間を通して茶摘みが行われています。茶葉の成長も早いので収穫後１～２週間でまた茶摘みができ、品質も安定しています。

味と香り

適度なコクと渋みがあり、味わいもマイルドですっきりしているのが特徴。茶樹もまだ若いのでフレッシュな香りがあります。ストレートでも飲みやすく、水色が濃いのでミルクティーもおすすめです。

水 色

深くて濃い赤色をしています。

等級区分

主にティーバッグ用に使われるため、ほとんどがＣＴＣ、ＢＯＰタイプです。ＯＰタイプの良品が入手できることもあります。

INDONESIA インドネシア

ジャワ

インドネシアの代表的な紅茶生産地で、セイロンティーに似た味わい

インドネシアはかつてインド、セイロンに次いで世界第3位の紅茶生産国でしたが、第二次世界大戦後は衰退。独立後、再び生産量も回復して輸出量とともに世界第4位を占めるまでになっています。

スマトラ島とともに紅茶生産の中心地であるジャワ島は、標高1500メートル前後の高地や山間部に茶園が広がっています。ジャワティーは日本やアメリカに輸出されていますが、ややコクが強く水色も濃いスマトラティーは、中近東向けで知られています。

収穫時期

年間を通して収穫されますが、乾期の8月～9月に摘まれるものが品質がいいとされています。

味と香り

渋みも少なくまろやかで後味もすっきりとしていて、セイロンティーに似た味わいがあります。

水色

透明感のある明るいオレンジ色をしています。

等級区分

BOPタイプかCTC製法によるものが中心です。

NEPAL ネパール

ネパール

インド国境に近い高地で、ダージリンに似た紅茶を生産

主に、ヒマラヤ山岳部のインド国境に近い高地のカングラ地区で栽培されています。インドのダージリンと隣接しているために、ダージリンに似たような風味の紅茶が生産されている期待の産地です。

収穫時期

3月～11月に行われます。3月～4月の一番茶は味がよく、6月～7月の二番茶は香りがよく、10月～11月の秋摘み茶は甘みのあるものが収穫されます。

味と香り

マイルドな渋みとすっきりとしたあと味があり、野の花のような優しい香りをもっています。

水色

黄色みのある明るいオレンジ色をしています。

等級区分

OPタイプがほとんどで薄い緑褐色をしています。インドのテライと接しているところではCTC製法でつくられています。

JAPAN 日本

日本

生産者の顔が身近に見える新しい取り組み

緑茶生産に向いた気候の日本でも、明治政府が紅茶の生産と輸出に取り組みましたが、昭和初期をピークとして衰退、1971年の輸入自由化で、その流れには終止符が打たれました。しかし平成になると、時代の変化で有機栽培や生産者情報の公開が重視されるようになり、産地の個性を活かした栽培と製茶の新しい試みもあり、国産紅茶の商品づくりが盛んになってきました。新しい味の世界として、今後が楽しみです。

収穫時期

3~10月（5~7月を主に試行中）。

味と香り

ほんのり甘みがあり、渋みが少ない。コクよりも口当たりやのど越しの軽さが印象的な飲みやすさが共通点。香りも控えめ。多くがジャワティーに近いが、キームンやヌワラエリヤに似た茶葉も作られています。

水　色

産地や茶樹の品種によりさまざま。明るい赤褐色が多いが、黄橙色のものもあります。

等級区分

外国産に比べると不揃いで柔らかい感じのBOPタイプが中心。OPタイプも多い。

全世界では年間310万トン以上のお茶が生産され、その8割弱が紅茶、残りのほとんどが緑茶といわれています。

紅茶は40カ国以上で作られていますが、前頁までにとりあげた産地だけで、何と全世界の紅茶の7割弱を生産しています。他の主要生産国をご紹介しましょう。

■中央アジア

トルコでは黒海の沿岸から標高1000メートルに至る傾斜地に茶畑が広がっています。特有の温暖な気候と多雨、肥沃な土地で生産量も多く、紅茶（チャイ）の愛好家が多い国内消費を賄っています。

黒海とカスピ海に挟まれたカフカス（コーカサス）山脈の南面に、旧ソ連邦の紅茶消費を支えたグルジア共和国があります。ソ連邦崩壊後に減産し、徐々に回復中です。この地域は茶葉育成の北限にあたり、主に中国種を栽培しています。カスピ海に面したイラン北部も紅茶の生産が盛んです。

中央アジアの紅茶は、テライやルフナに似た雰囲気を持ちつつも、渋みが少なく、あっさりした味わいなのが特徴です。

■アフリカ

マラウイ、ウガンダ、タンザニア、ジンバブエ、ルワンダなどでは、ケニアと同じような、風味のバランスが良く飲みやすい紅茶の生産が盛んで、ティーバッグやドリンクの原料として大量に輸出されています。

■その他の産地

東南アジア＝マレーシア、ベトナム、ミャンマー。オセアニア＝オーストラリア、パプアニューギニア。南米＝アルゼンチン、ブラジル。興味のある方は探して飲んでみてください。

ブレンドティー

各産地の紅茶について特徴を説明してきましたが、茶葉は農産物ですから、天候の状況、個々の畑の土壌、茶園の方針など、さまざまな要因でばらつきが生じます。

そのため、紅茶を商品化するためにはブレンド（配合）がとても重要になります。

元来は、輸入品である紅茶を、年間を通して一定の品質と価格を保った製品にする技術として発達しましたが、のちに味、香り、水色のバランスをとり、その土地の水質や飲み方など、市場のニーズに合わせた商品を生み出す目的が加わったのです。茶葉を配合して品質の安定と商品開発の二つの仕事をする人が、ティーブレンダーです。

茶園でのテイスティング。紅茶から多くの情報を読み取り、どの製品の材料に使えるのか、買うか否か、判断をくだしてゆく。

ティーブレンダー

まず、ばらつきのある原料茶を鑑定し、風味を覚えるのが第一歩です。統一的な国際資格はありませんが、原料茶に評価をつけられるようになれば、ティーテイスターと呼ばれ、茶葉の買付けや産地の指導で活躍します。さらに、原料茶を配合してイメージする風味を作り出せるようになると、ティーブレンダーとなるわけです。

つまり市販の紅茶は、ほとんどがティーブレンダーの作品ともいえるわけです。熟練ブレンダーとなるには十年かかる、といわれる実力本位の世界。決して目立ちませんが、紅茶の歴史とともに歩んできた、重要な職種なのです。

テイスティングカップ。茶葉と抽出液を鑑定するための便利な道具。プロ気分で、お茶を飲むのも楽しい。（世界のお茶専門店ルピシア）

マイブレンド

市販の「ブレンド」を材料と考え、自分で気軽に紅茶を混ぜ合わせるのも楽しいものです。これは正確にはミックス（混合）と呼ばれ、大量に安定した味の商品を作るブレンド（配合）とは区別されますが、我が家の紅茶作りにぜひ挑戦を。最初2種類の同割りからはじめて、次に片方を多くしてバランスを変え、混ぜて、淹れて、味見して、を繰り返します。茶葉の等級を揃え、材料を5種類以内に抑えるのがコツです。

卓上用の小さなティー・ブレンディング・マシーン（ティープラン）

日本／中央アジア／アフリカ／その他の産地／ブレンドティー／ティーブレンダー／マイブレンド

クラシックブレンド

ダージリンなど、産地名がそのままつけられたエリアティー（産地別紅茶）に加えて、メーカーとブレンダーからの提案というかたちの魅力的な商品が、紅茶の世界をより広げてくれます。

アフタヌーン

午後のティータイム向け。ダージリンの香りとアッサムのコクを兼ね備えたタイプや、アールグレイの風味を活かしたタイプが多く、ホテルなどで、ケーキとよく合い、会話がはずむブレンドとして重宝されています。

ダージリンとアッサムのＯＰタイプを使った定番のブレンド。（アメージングティー）

ハウスブレンド

産地の特徴が顕著な「エリアティー」の市販品を利用して“我が家のブレンド（厳密にはティーミックス）”づくり。一日のティータイム(38頁~)に活用してみましょう！

◆ブレックファースト

BOP タイプ…セイロン：アッサム
CTC タイプ…ケニア：アッサム
それぞれ、2:2、1:3、3:1 で混合して試飲。ミルクとの相性、トースト・卵・ベーコンのあと味、どのタイプがお気に召しましたか？

◆ロイヤルブレンド

OP タイプ…ダージリン：アッサム：セイロン
まず 2:2:2 で、次にどれかを増減して 1:2:3 で混合して試飲。さらにどれかをキームンに変えます。ショートケーキ、モンブラン、シュークリーム…どのブレンドと好相性ですか？

ブレックファースト

朝食に合わせて、というコンセプトでつくられたブレンド。多くはコクのある風味でミルクをたっぷり加える、トーストなどの洋食に向いたブレンドですが、卵やベーコンの脂で重くなった口をさっぱりさせるようなタイプもあります。用途やメーカー名をつけた、紅茶だけのブレンドは「クラシックブレンド」、特に複数の国の茶葉を使ったものは「インターナショナルブレンド」と呼ばれます。品質表示の原産国名を確認してみましょう。

コクと、甘い香りを合わせもつ BOP タイプのブレンド。（チップトリー）

淹れるのが簡単で、飲みやすいＣＴＣタイプのブレンド。（ウィリアムソン＆マゴー）

●魅惑のブレンドティー●

ネーミングの誤解

何気なく飲んでいる紅茶の名前が、街ではちょっとした誤解を生んでいます。知れば一層おいしく楽しめ、いつもと違った飲み方に挑戦したくなる、紅茶のエピソードをどうぞ。

アールグレイ

由来は人物名です。19世紀の英国宰相グレイ伯爵（アール・グレイ）のお気に入りを商品化したフレーバーティーといわれています。中国紅茶に、イタリア産のベルガモットオレンジの香りをつけたものが主流でしたが、現在はメーカー各社が、ダージリンを使ったもの、ハーブを加えたもの、香りを強調したものなどを発売し「進化し続けるブレンド」になっています。何種類も持ち寄って、飲み比べのティーパーティーなど、いかがですか？

キームンをベースにブレンドし、ベルガモットオレンジで着香した伝統的なタイプ。

現代のブレンド、レディグレイ。伝統と革新の融合した味わい。（トワイニング）

オレンジペコー

名前の由来は諸説ありますが、商品としては「オレンジペコー＝高級茶」ぐらいに意訳しておくのが無難。お店に「オレンジペコー」という名前が並んでいても、原産国表示を見るとインド、ケニア、スリランカ…とさまざま。茶葉の大きさ（リーフグレード）も各々違います。名前に惑わされず、実際に見た目の形状で判断し、さじ加減して淹れるのが大切（51頁）。オレンジの香りがする紅茶、と誤解している方がたくさんいます。

じっくりと茶葉の旨みを味わいたい、文字通りのＯＰタイプ。（セントジェームズ）

大きさはＢＯＰ。淹れやすさ、コクとキレ味のバランスはさすが老舗。（トワイニング）

●魅惑のブレンドティー●

楽しいフレーバーティー

紅茶は、茶葉に他の材料の風味を加えると、新たなおいしさがあらわれる不思議な飲みもの。オレンジやリンゴにはじまり、ピーチやキャラメルなど、現代では多彩な香りの紅茶が登場しています。

ベリーベリー

紅茶の味と香り、果実の味と香り、4つの要素をすべて楽しむ現代のフレーバーティー。これは英国王立植物園との提携で開発されたブレンドで、収益の一部が植物保護活動に寄付されるという点にも注目。

紅茶、クランベリー、ルバーブ…。ロンドンの市場にいるような楽しい風味。(KEW)

フレーバーティーの分類

❶フレーバー(ド)：香りのエッセンスを吹き付けて乾燥させる。リンゴなど、加えた材料の「味」はしない。価格は手頃。茶葉の蒸らし加減のみに注意すればよく、アレンジティーも簡単に作れる。最近は香りの結晶を茶葉にブレンドしてつくることもある。

❷ブレンデッド：乾燥リンゴなどを実際に加えるので、材料の「味」もする。やや高価。蒸らし加減で風味が変わるので、じっくりと好みの淹れ方で楽しむのに向いている。

❸センテッド：茶葉の性質を利用し、材料の香りを吸わせて作る(移香)。かなり高価。茶葉本来の風味がブレにくいので、極上の茶葉に、ほのかな香りをのせて楽しむ。

アップルティー

ポピュラーなフレーバーティー。リンゴの皮を煮た熱湯で紅茶を淹れる「自家製」は美肌におすすめですが、味の完成度や手軽さの点で、市販の商品は魅力的です。茶葉のみでリンゴの姿が見えないものは、厳密には香りだけでリンゴ味はしないのですが、淹れるのが簡単なので、茶葉の量と蒸らし時間を抑えめにしながら手鍋でさっと楽しんでください。乾燥リンゴがブレンドされたものは、ポットで蒸らし、味と香りのバランスをとります。

ＯＰタイプの茶葉に、アップルチップをブレンド。丁寧に蒸らし、甘みと酸味を味わう。

ＢＯＰＦタイプの茶葉に、リンゴのエッセンスで着香。アレンジティーへの応用も簡単。

●魅惑のブレンドティー●

華やかな風味の競演

アップルティーのようなシングル（単一）フレーバーティーはやがて、より複雑な風味のブレンドへと発展していきました。飲む側の想像力に働きかける“ネーミング”も重要なポイント。

イングリッシュローズ

夢見心地を味わえるティー、というテーマで作り上げられた商品。ローズティーのバリエーションとして、マンゴーとパパイヤを合わせて浮遊感のある甘さを演出。

バラとトロピカルフルーツの、甘く上品なコンビネーションが絶妙。（ウィタード）

マルコ ポーロ

見た目は一切飾られていない。茶葉のみのシンプルな外見に反して、花と果物の甘く複雑な芳香を、考え抜かれたバランスで結実させた傑作ブレンド。イメージの湧くネーミングも秀逸。

中国やチベットの花、という香りのキーワードも神秘的。（マリアージュ フレール）

SHIROKANEDAI（白金台）

高級住宅地、東京・白金台のイメージでブレンドされた商品。ほかにも系列の店舗ごとに、限定販売品のご当地ブレンドを作っているのが面白い。

優雅なセンスが光る街並みをローズの香りで表現。（ラ・メゾン マリナ・ド・ブルボン）

ダルマ

瞼からお茶が生まれたという達磨大師の伝説にちなみ、インド紅茶とマンゴーをブレンド。ピンクペッパー入りの元気の出るお茶。エピソードからの連想が、楽しい商品に結実。

果物、スパイス、紅茶の力関係が十分に計算されている。（世界のお茶専門店 ルピシア）

●魅惑のブレンドティー●

風味をデザインする

キーワードやエピソードから連想して、特定の場所や人物、状況を表現したブレンドが増えてきた現代。インターネットやイベントを通じた、メーカーやブレンダーの情報発信も始まっています。

フルーティー

ディンブラをベースにマンゴーとアプリコットで風味をつけ、数種のハーブで甘みを調節した、水色の美しいブレンド。天気の良い日に、見晴らしの良い丘で背伸びをしたような気分にさせてくれるので、仕事の合間に一杯。

別名「涼秋之丘（りょうしゅうのおか）」
（アメージングティー）

未来のブレンドティー

今後ますます広がるであろう、魅力的なブレンドティーの世界。期待すべき、注目の点をご紹介しましょう。

❶オーガニック、スローフード、LOHAS、フェアトレード、ユビキタスなどの考えに添った、地球環境と人類の将来に大切な意味を持つ、ブレンドティーの商品が増える。

❷パティシエや料理人、アーティストとのコラボレーションによる、デザイン性の高いブレンドティーの商品が増える。

❸新しいメーカーの登場と並行して、歴史あるメーカーが、伝統と革新を融合させたブランド紅茶や、機能性をうたった商品を展開する。

❹食育への関心や、複雑なものへの反動から、シンプルで力強く、豊かな素材感を持つブレンドティーの商品が再評価される。

ダージリン＆カモミール

ダージリンをベースにベルガモットオレンジで風味をつけ、カモミールとリンデンをブレンド。和菓子にも合うので、伊万里の蕎麦ちょこで、お月見に一杯。

別名「黄玉之月（おうぎょくのつき）」
（アメージングティー）

ラファエルTEA

癒しの天使、ラファエル（Raphael）をモチーフにしたブレンド。ローマンカモマイルとマーシュマロウの白い小片が、天使の羽のようにポットの中でふわふわと踊る。

ホテルウェディングで人気の紅茶
（北ビワコホテル グラツィエ）

第4章 紅茶をよりおいしく淹れるコツ

紅茶をおいしく淹れるためには、新鮮な水を「沸騰」させ、「ちょっと丁寧に」がポイント。

基本のストレートティー、アイスティーから上級テクニックまで、早速おいしい紅茶を淹れてみましょう。

紅茶と水の知識
おいしさの決め手は温度と水質

紅茶が本来持っている「おいしい風味」を抽出するには、日本の汲みたての水道水が最適。それは、空気がたっぷりと含まれ、紅茶の成分がバランス良く溶け出すのに適した硬度を持つ軟水だからです。①硬度が高すぎるとドロリと重く、②低すぎると水っぽい風味になってしまいます。また、空気が抜けていると泥臭くエグい紅茶になります。そのため、③長時間汲み置きした水、④ペットボトルに入った市販の水、⑤再沸騰させた魔法瓶の湯、⑥沸かしすぎたやかんの湯は、いずれも紅茶に向かないのです。

水質と並ぶ重要な決め手は、温度。ほぼ100℃に沸騰した熱湯で、抽出中は80℃を下回らないようにするのがポイント。つまり、⑦泡の小さな沸騰未満の湯、⑧魔法瓶の湯、⑨冷たいポットに注いだ湯、⑩火を止めてすぐ注がなかったやかんの湯が、余計な渋味やエグ味を生むのです。

また水道管内の汚れは落とせませんから、蛇口には、ぜひ浄水器をつけてください。

紅茶がおいしく抽出できる「沸騰」とは、水から強火で沸かし、硬貨大の大きな泡が音をたててはじけている状態。泡の小さい沸騰不足の湯だと茶葉は浮き、水っぽい紅茶になり、空気が抜けて泡も出ない沸騰させすぎの湯だと茶葉は沈み、泥臭くエグい紅茶になります。沸騰直前から沸騰後数十秒の湯だと、ジャンピングも起こりやすく、風味のバランスがよい紅茶が抽出できます。

沸騰不足

最適

沸騰させすぎ

硬度（水に含まれるカルシウムやマグネシウムの量を表す数値）の違いで比較すると、運動後に飲むとよいフランスの硬水（硬度約600）では、ドロッとした重い味。紅茶に向いている東京の軟水（硬度約60）では、甘みのあるきちんとした風味。カナダ氷河の超軟水（硬度約1）では、薄めた焙じ茶のような、ぼやけた風味。51頁と同じ茶葉を3分で抽出。水色を比べてみてください。

●硬水　フランス

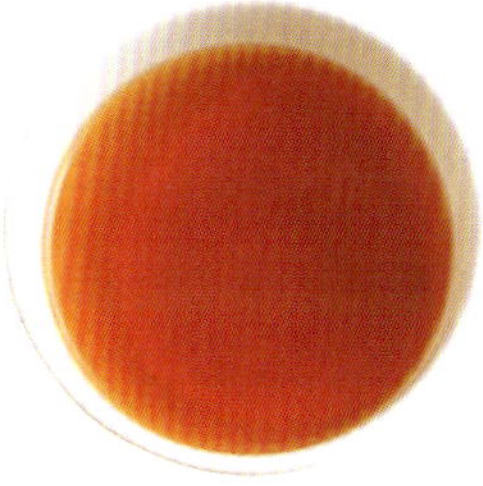
●軟水　東京

●超軟水　カナダ

道具について

次ページからの手順を覚えれば、ありあわせの道具で、十分おいしい紅茶を淹れることができますが、道具に凝る楽しみは、紅茶の大きな魅力のひとつ。誕生日などの機会に、少しずつ揃えていきましょう。

①やかん②ティーキャディー③メジャースプーン④ティーカップ＆ソーサー⑤砂時計（タイマー）⑥ティーコージー⑦ポットマット⑧ティーポット⑨茶こし（ストレーナー）⑩ティースプーン

基本となる道具は、上の写真の10点ですが、淹れるだけなら左の写真の3点だけで十分。まず、ティータイムを「紅茶を淹れる」前半の流れと、「注いで飲む」後半の流れの2つに分け、その中間点にあるのがティーポット、という考え方をしてみましょう。前半は①沸かす、②はかる、③蒸らす、④こす（注ぐ）という4つのステップに分けられるので、各段階で使う道具を順に思い浮かべていけば、混乱せずに、要領よく準備ができます。

フタ付ホーロー鍋、タタミ（細目）茶こし、直火用ガラスサーバーの３点だけでもO.K. 補助用具にも最適。

道具を選ぶ注意点も順を追ってチェック。鉄分が溶け出すと紅茶の色が悪くなるので、沸かす道具は錆びていないか、今日はBOPFタイプの茶葉なので、茶こしは目の細かいものを、といった具合です。中間地点のティーポットに紅茶が準備できたら、後半も同様に①ポットから注ぐ、②カップに受ける、③砂糖やミルクを加える、④飲む（食べる）という4つのステップがあるので、流れに沿って準備をします。今日はアッサムだからミルクはたっぷり、お茶請けはスコーンなのでティーナイフを出して…。最終的にくつろいでいるイメージからさかのぼって、今日の紅茶に合った手順を組み立て、適した道具を収納から取り出して並べれば、作業に余裕が生まれ、よりおいしく紅茶を淹れることができます。

使いやすい無地のティーポット（164頁）。２人用と６人用を揃いで持っていると便利。

ストレートティーの淹れ方

6 茶こしを通して紅茶を注ぎます。カップの中身が均等になるように回しながら注ぎましょう。茶こしの種類も、淹れる茶葉の大きさによって変えるとよいでしょう。

ティーポットで茶葉を蒸らす

昔ながらの「ゴールデン・ルール」と呼ばれる方法。大きな茶葉や微妙な味わいのブレンドティーを、じっくり蒸らすのに適しています。手鍋（80頁）を使った方が簡単ですが、仕上がりのまろやかさはポットならではのもの。

お湯の状態がよいと、手順4で「ジャンピング」と呼ばれる茶葉の運動がよく起こりますが、これは一つの現象。とらわれすぎてはいけません。

抽出液を一回で全部こす場合は、最後の一滴（ゴールデンドロップ）を意識してみましょう。一滴残らず注ぎきるのは不可能ですが「最後まで丁寧に作業をしましょう」という、紅茶の達人の心を感じる大切なポイントです。

この方法には、紅茶を一度に注がず、ポットの中で変化してゆく風味を楽しめるという利点があります。当然、日本の軟水では渋みやエグ味が強まってしまいますが、差し湯、ミルク、砂糖で打ち消しながら、茶葉の持つ深い味わいを堪能してみてください。

1 毎回たっぷりの水を汲み、強火で沸かします。硬貨大の泡がボコボコと激しく出るまで待ちましょう。

2 あらかじめマットを敷き、湯で温めておいたポットに茶葉を入れます。いつも同じスプーンを使い、正確に量りましょう。

3 熱湯を手早くポットに注ぎます。基本的には注ぐ高さより、勢いが大切。少しでも湯の温度を保つため、作業は火のすぐそばで。

4 ポットにふたをして、タイマーをセット。しっかり保温して蒸らします。ティーコージーを活用してもよいでしょう。

5 予定の時間になったらふたをとり、茶葉の沈み具合と香り立ちを確認して、ごく軽くかきまぜます。

●茶葉の量と蒸らし時間

茶葉の等級（大きさ）ごとに異なります。

OP タイプ	大山１杯（3～4g） 3～5分
BOP タイプ	中山１杯（2.5g～3g） 2～3分
BOPF タイプ	小山１杯（2g） 2分前後
CTC タイプ	中山１杯（3g前後） 1～3分

茶葉は常に同じティースプーンで量りましょう。

●熱湯の量

一般的なティーカップの場合、基準は150ccです。湯の量を常に固定しておけば、風味の調節が簡単になります（51頁）。

手鍋を使った淹れ方

8 湯通ししたポットに移し、ティーコージーで保温した紅茶は30分ぐらいアツアツです。抽出液だけなので、エグ味が増すこともなく、最後まで同じ濃さで楽しめます。

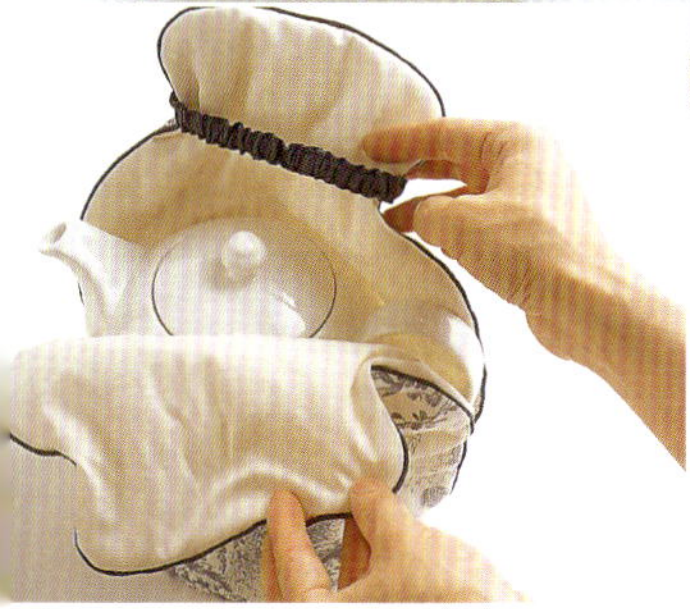

7 ティーコージーで保温（写真は下から包むタイプ）。かぶせるタイプは必ずマットを敷いて。

手鍋で確実に抽出する

「茶葉から熱湯で抽出したエキスを飲むのが紅茶」という原則に着目した簡単で確実な方法。ＢＯＰやＣＴＣなど細かくて均一な茶葉や、シンプルな味わいのエリアティーやフレーバーティーを手早く楽しむのに適しているため、喫茶店などで活用されています。

湯の沸騰具合や、茶葉の抽出状況も把握しやすく、好みのタイミングで茶殻をこし、ポットに移してしまえば全部を一定の濃さで楽しめるのも魅力。ティーバッグをおいしく淹れたり、アレンジメントティーにも応用できるので、紅茶に興味を持ったら最初に覚えておきたい技術です。

手鍋はホーローがおすすめ。材質を問わず錆びたり被膜が剥げている手鍋では風味や水色が悪くなります。

1 汲みたての水を予定の杯数分、手鍋に入れて強火で沸かします。硬貨大の泡がボコボコと激しく出るまで待ちましょう。

2 茶葉を予定の杯数分、小皿に計っておき、湯が沸騰したら火を止め、茶葉を手早く、まんべんなく手鍋に入れます。

3 すぐにふたをして、タイマーをセット。お湯を注ぐ手間もなく、手鍋に余熱があるので保温の必要もなく、簡単です。

4 予定の時間の直前に、ふたをとって軽く揺すります。茶葉が大量に浮いたままなら、再度ふたをして時間を延長します。

5 時間になったらふたをとり、茶葉の大半が沈んでいることと、香り立ちを確認して、ごく軽くかきまぜます。

6 十分温めておいたポットに、茶こしを通して紅茶を注ぎます。ほぼ最後の一滴まで、手早く丁寧に。

アイスティーの淹れ方

7 グラスに6の濃い紅茶液を、7分目弱まで一気に注ぎ、グラスの底面近くを押さえてマドラーで混ぜ、氷を溶かして急冷させ、追加の氷を2～3片のせて、グラス八分目に仕上げます。

香り高い「オンザロック方式」

みずみずしい風味が堪能できるつくり方。当たり前の話ですが、アイスティーとは冷たいもの。しかし、紅茶のエキスは基本的に熱湯で抽出するものです。そこで紅茶液の熱を急速に奪い、なおかつシンプルにつくることができるのが、濃くつくった紅茶を一気に氷に注いで急冷する「オンザロック方式」なのです。ポイントは、溶けた氷で丁度よい濃さになるように、逆算して分量を決めること。アイスティー用のグラス（11オンス前後）は、一般的にティーカップ2杯分の容量があります。このグラスいっぱいにキューブアイスを入れてみると隙間があくため概ねティーカップ1杯分強の質量に相当します。ですから、ティーカップ1杯分の熱湯で、ティースプーン2杯分、つまり「倍の濃さのホットティー」をつくって注げば、氷が溶けて丁度よい濃さとなったアイスティーができる、という計算が成り立ちます。細かな注意点は90頁をご参照ください。

1 たっぷりの新鮮な水を強火で沸騰するまで沸かします。泡がボコボコと激しく出るまで沸騰させます。

2 あらかじめ湯で温めておいたポットをマットの上にのせ、ポットの中に茶葉を入れます。茶葉の量は正確に計りましょう。

3 沸騰させたお湯を手早くポットに注ぎます。ここでのポイントは、使う湯の量を正確に入れること。

4 ポットにふたをし、しっかり保温して蒸らします。タイマーをセットすることも忘れずに。保温のためにティーコージーも。

5 予定の時間になったら、茶葉をごく軽くかき混ぜ、別の容器に、茶こしを通して紅茶をすべて移します。

6 甘みをつける場合は、この段階でグラニュー糖をよく溶かします。グラスを用意し、砕いた氷をいっぱいにしておきます。

きりっとした香り立ちとコクは、オンザロック方式ならではの味。

ロイヤルミルクティーの淹れ方

6 十分温めておいたポットに、茶こしを通して手早く紅茶を移します。カップに直接注いでもかまいませんが、ストレートティーより注ぎにくいので注意します。

牛乳に茶葉を直接入れてはダメ

紅茶と牛乳の、甘くてコクのある風味で人気のロイヤルミルクティー。厳密な定義はありませんが、ミルクたっぷり（液量の20％以上が目安）の紅茶はすべて、そう呼んで差し支えないでしょう。当然、ミルクを入れた分だけ、お湯は減らします。ただし、これは日本独自の名称なので、海外で話題にするときには注意しましょう。

もっとも関心を持たれているつくり方は、手鍋などで茶葉と牛乳を煮込んでつくる「シチュードティー（これは海外でも通じます）」ですが、基本的な注意点は、牛乳に乾いた茶葉を入れてはダメ、ということ。牛乳の成分（カゼインなど）が茶葉を包み、十分に紅茶が抽出されなくなってしまいます。まず濃い紅茶液をつくり、それを牛乳で割って煮込む、という考え方をすれば、おいしくつくることができます。お湯と牛乳の分量比率については左頁の囲み記事を、細かな注意点やその他のつくり方は92頁をご参照ください。

1 汲みたての水を予定量（左下囲み記事参照）手鍋に入れて強火で沸かします。硬貨大の泡がボコボコと激しく出るまで待ちましょう。

2 茶葉を予定の杯数分、小皿に量っておきます。湯が沸騰したら火を止め、茶葉を手早く、まんべんなく手鍋に入れます。

3 すぐにふたをして、タイマーをセット。手抜きをせず、ここできちんと茶葉を蒸らすのが、おいしく淹れるコツです。

4 予定の時間に、ふたをとって茶葉の状態を確認し、ミルクを予定量（下の囲み記事参照）手早く回し入れ、再度加熱します。

5 あとはふたをせず、最初は強火で、鍋肌に細かな泡が回ったらトロ火で。泡の大きさを保つよう注意して加熱します。

お湯と牛乳の分量と、蒸らしの時間で変わる味わい

【茶葉４杯でつくる場合】

★熱湯１カップで茶葉を蒸らし、牛乳３カップ（75％）を加えて再加熱→子どもが喜ぶミルキーな甘い紅茶に。

★熱湯２カップで茶葉を蒸らし、牛乳２カップ（50％）を加えて再加熱→バランスのよい万人受けの紅茶に。

★熱湯３カップで茶葉を蒸らし、牛乳１カップ（25％）を加えて再加熱→大人向けのしっかりした味わいの紅茶に。

★蒸らし時間と再加熱時間の配分を変えると、さらに複雑な変化がつきます。

ティーバッグの淹れ方

平たいティーバッグをカップで淹れる

1 下にタオルなどを敷いたカップに、熱湯を注いで温めておきます。

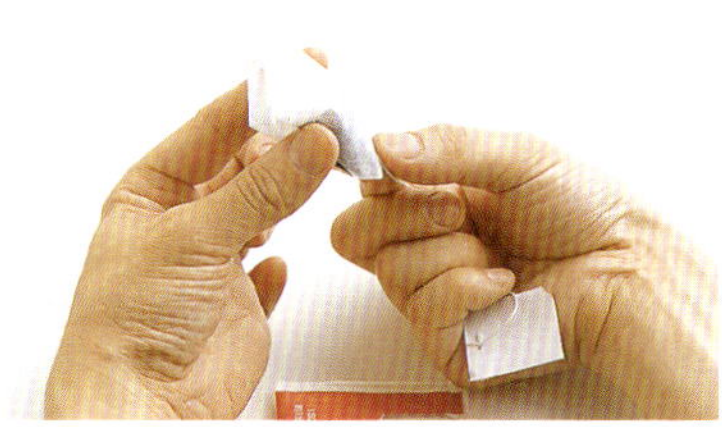

2 紙袋タイプのバッグを、ごく軽く指でつまみ、中にふくらみをつけます。

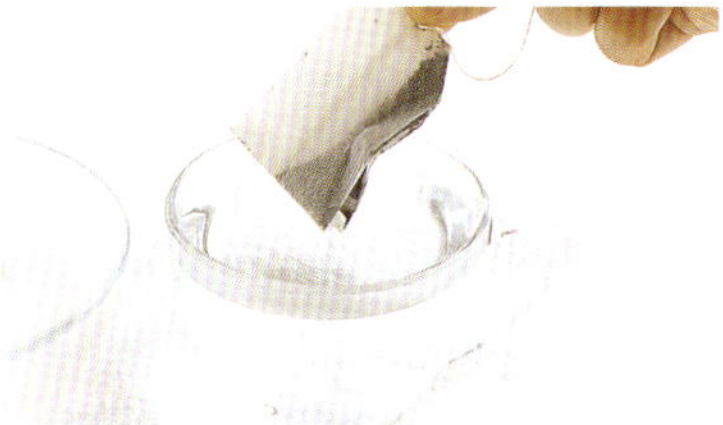

3 水から沸かして十分に沸騰した熱湯を先に注ぎ、手早くバッグを沈めます。

4 すぐ受け皿などでふたをし、時計を確認して、バッグを振らずに待ちます。

5 時間になったらバッグを軽くゆすり、しずくを切って引き上げます。

6 透明感のある美しい色で、香り高く、コクのある紅茶ができました。

ティーバッグの「実力」を引き出す

邪道なインスタント、というイメージを持たれているティーバッグは、おいしい紅茶を手軽に楽しむための大発明にもかかわらず、誤った淹れ方の結果、不当な評価をされているのです。

沸騰した熱湯で、温度を保って静かに蒸らし、一煎でエキスを取り出す、という紅茶の原則から考えれば、ポットのぬるい湯と冷たいカップで温度の下がるままに、バッグを振って「色つきのお湯」を作り、しかも複数のカップに順番に漬ける…というのは問題外です。

なぜならば、コクがあって、香り高いエキスが抽出されずにティーバッグに残ってしまうからです。

湯沸かしポットに差し水をして再沸騰させ、温めたカップにお皿でフタをして静かに蒸らすだけで、驚くほどおいしい紅茶が、簡単に楽しめるのです。

ティーバッグの淹れ方タブー

バッグは振らない！雑味が出て、エキスが閉じ込められたままに…。

左（○）茶葉が開いて出がらしに。右（×）エキスが出ていない状態。

バッグは二度漬けしない！２カップ目は“色付きのお湯”です…。

バッグは絞らない！せめて軽く押す程度で、エグ味は入れないで…。

三角ティーバッグをポットで淹れる

1 角を引っ張って立体に。軽く振り微粉を落とし、茶葉を動きやすくします。

2 マットを敷き、湯で温めておいたポットに、沸騰したての熱湯を注ぎます。

3 三角の頂点が下になるように、手早くバッグを沈めポットにフタをします。

4 立体的なバッグの中で茶葉が踊り、紅茶のエキスが出てゆくのが見えます。

5 バッグ自体も上下にジャンプし、やがて時間になると頂点が上に向きます。

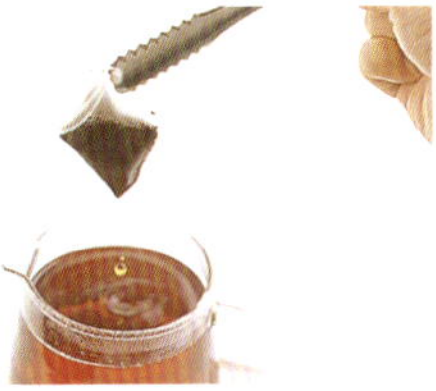

6 バッグを軽くゆすり、頂点が下に向くように引き上げ、しずくを切ります。

ティーバッグを使って忙しい日にも美味しく

◆ロイヤルミルクティー

カップ（電子レンジ可）の底に少量の熱湯を注ぎ、ティーバッグを１個入れ、お湯を十分に吸ったらカップの定量まで冷たい牛乳を加え、電子レンジで加熱する。バッグを取り出し、お好みで三温糖やバニラエッセンス、洋酒などを加える。

◆アイスロイヤルミルクティー

カップに熱湯を少量注ぎ、ティーバッグを２個入れてふたをして蒸らす。カップの定量まで冷たい牛乳を加えてなじませ、砕いた氷を少なめに入れておいた別のグラスに一気に注ぎ、グラスの定量まで牛乳か氷を足す。

◆アイスティー

カップに熱湯を注ぎ、ティーバッグを２個入れて倍の濃さのホットティーを作り、お好みで砂糖を溶かし、砕いた氷を入れたグラスに一気に注ぐ。フレーバーティーのティーバッグがおすすめ。

ホットティーの上級テクニック

ロシアンティーの淹れ方

1 写真はブルーベリージャム。ウォッカやシュガーシロップで溶いておきます。いろいろなジャムを試して。

2 金属製ホルダーがついた耐熱グラス「スタカン」。日本ではホットウィスキーグラスと呼ばれます。

3 基本の手順で淹れた（78～81頁）ホットティーを注ぎます。ここでは茶こし付きポット（左頁）を使用。

4 ロングスプーンを添えて完成。本来のロシアンティーは、別添えのジャムをなめながら飲むそうです。

おいしくて簡単な「もてなしの一杯」

まずは、手鍋で茶葉のエキスを十分抽出し、紅茶を味わう（80頁）ことに慣れましょう。繰り返すうち、茶葉の種類やアレンジレシピによって抽出を細かく加減したくなってくるはずです。そうしたら今度はティーポットの登場です（78頁）。また、手鍋で抽出した味と手順を覚えていれば、茶こし（ストレーナー）付きポットやメリオールのような便利で洒落た器具でも上手に、安定した味の紅茶を淹れることができるようになります。

基本のホットティーに、果物、ジャム、生ハーブなどの副材料を合わせるアレンジティーは手軽でおいしく、おもてなしにぴったり。本書のレシピを参考に、茶葉の種類と副材料の組み合わせを工夫してみましょう。見た目も楽しい耐熱グラスがあると便利。

ミントティーの淹れ方

1 モロッコやエジプトでポピュラーなミントティー。耐熱グラスにミントの生葉をたっぷり入れ、砂糖を振っておきます。

2 基本の手順（78 ～ 81 頁）で淹れたホットティーを注いで完成。レモングラスなど、他の生ハーブにも応用できます。

茶こし付きポット

1 茶こし（ストレーナー）付きポットは、茶こし部分で茶葉が踊る仕組み。淹れ方の手順はポットと同じ（78 ～ 79 頁）。

2 一杯目を注ぐと茶葉が残りの紅茶液から離れ、こしたものと同じ状態になる構造。茶こしを外してしまっても構いません。

メリオール

1 本来コーヒー器具であるメリオールは、しっかり保温しないと抽出が不十分に。お湯を先に、茶葉を後に入れます。

2 抽出後、一度ふたをとり、軽くかき混ぜてからレバーを下げるとよい。格好は良いですが、少々コツがいる道具です。

アイスティーの上級テクニック

グレープフルーツ・セパレートティー

1 グレープフルーツジュース60ccとシュガーシロップ大さじ1をグラスの壁につかないように混ぜる。

2 氷をグラス6分目まで入れ、作り置きのアイスティー（左頁参照）を氷の上から静かに8分目まで注ぐ。

3 比重の差で2層に分かれる（セパレート）。氷を少し足し、カットフルーツを飾って完成（11オンスグラス使用）。

アイスロイヤル

1 倍の濃さで淹れ、甘みをつけたアイスティーと、少し水で薄めた牛乳を用意する。

2 紅茶→氷→牛乳の順に注いで2層に。上下逆（下が甘い牛乳、上が無糖の紅茶）の方が簡単。

便利な作り置き

- 常温保存し、その日のうちに使い切りましょう。
- アレンジメントティーのベースにするときは濃いめに。

簡単でコクのある「段階冷却」

1 茶葉8杯に熱湯2カップ（濃さ4倍）でホットティー（78～81頁）を淹れ、水2カップ、続いて氷水2カップを注ぐ。

2 さらに、氷水か砕いた氷2カップを加え段階的に冷やす（計算上、茶葉8杯を水8カップで抽出したことになる）。

まろやかな「水出し」

1 茶葉15～30gに浄水1リットルを注ぎ、常温で置く。日光に当てて水を対流させてもよい（サンティーと呼ばれる）。

2 ときどき味見をして、好みの時間（45～120分）で茶殻をこす。シュガーシロップを少量加えると、風味が安定する。

きれ味の良い「二度取り」

1 茶葉6杯に熱湯4カップ（濃さ1.5倍）でホットティー（78～81頁）を淹れ、大量の氷を入れた別の容器に手早く注ぐ。

2 すぐに紅茶液だけを取り出す（急冷中、2カップ分の氷が溶け、計算上、茶葉6杯を水6カップで抽出したことになる）。

ミルクティーの上級テクニック

マサラチャイの淹れ方

1 手鍋で、ごく少量の水と砕いたスパイスを沸騰させ、火を止めて茶葉を杯数分入れ、熱湯を吸わせます。

2 蒸らした茶葉に杯数分の牛乳を注いで強火にかけ、細かな泡が出たらトロ火にして三温糖を（後でも可）。

3 茶殻とスパイスをこしてカップに注ぎます。高い位置から泡立つように注ぐと、まろやかな風味に。

4 砕いて使うスパイスはシナモン、カルダモン、クローブが基本。便利なパウダーやミックスも売っています。

茶葉とミルクの駆け引きを覚える

チャイとは本来「お茶」を意味する言葉ですが、インド風のスパイスミルクティー（マサラチャイ）を指すことが多いようです。日本で手に入る茶葉は、牛乳に入れると開かなくなってしまうので、100％牛乳で作りたい場合でも、茶殻が吸ってしまう分ぐらいの少量の湯で、まずスパイスと茶葉からエキスを取り出しましょう。

ロイヤルミルクティーは、お湯と牛乳の分量比率、茶葉のみで蒸らす時間と、牛乳となじませる時間の比率で、大きく風味が変わってきます。つくり方と茶葉の種類にもこだわって。コクの出るシチュード（84頁）はアッサムやキームン、香りが活きるボイルドはダージリンやウバ、ジャスミン茶に。ポットロイヤルはアレンジメントティーや微調整が必要な茶葉に向いています。

※ティーカップにミルクを入れる「英国式」については95頁参照

ロイヤルミルクティーを極める

※ロイヤルミルクティーには多くの淹れ方があります。基本のシチュードミルクティーは84～85頁を参照ください。

ポットロイヤルティーの淹れ方

1 ホットティーをポットで淹れ（78～79頁）蒸らしあがる直前に温めた牛乳を加えてなじませ、茶殻をこす。

2 写真では茶葉3杯を熱湯2カップで抽出し、牛乳1カップを足している。まろやかな風味に仕上ります。

喫茶店やパーティーで活躍！便利なつくり置きレシピ

★紅茶液を作る：濃いホットティーを手鍋で淹れ（80頁参照）茶殻を漉して砂糖少量を加え、常温で置いておく。★ホットで：紅茶液を牛乳で割り、手鍋や電子レンジで加熱してカップに注ぐ。★アイスで：牛乳→氷の順で入れたグラスに紅茶液を静かに注ぐと2層になる。氷を少し加えて完成（90頁参照）。

ボイルドミルクティーの淹れ方

1 牛乳と湯を合わせて杯数分（写真は1:1で合計2カップ分）手鍋で温め、火を止め、熱湯で開かせた茶葉を加える。

2 フタをして蒸らし、茶殻をこす。コツは茶葉に熱湯をかけて開かせておくことと、牛乳を沸騰させないこと！

ダージリンやウバに向いた、香りを活かす淹れ方。

紅茶をおいしく飲むために——レモン・ミルク・砂糖・差し湯の知識

レモン

紅茶に砂糖・ミルク・レモンはつきものですが、何故でしょう？　理由は簡単「おいしいから」です。反面、紅茶通は何も入れない、という先入観があるようですが、これは誤り。本当の紅茶通とは、自分が飲みたいように、手元で風味を調整できる人のことです。そのためには、まず差し湯、そして砂糖・ミルク・レモン（本項では逆順に紹介）の、使い方のコツを覚えておきましょう。

上段左から、くし形、種（取り除く）、小片（いちょう切り 12 等分）。下段左から、専門店の輪切り、通常の輪切り。

基本の香り付け…カップにレモンを入れ、軽く揺する。クエン酸の作用で紅茶の色が明るくなったらすぐレモンを引き上げる。

味と香りを楽しむ…くし形のレモンを絞って果汁を入れ、グラニュー糖を加える。レモンの味と香り、甘く澄んだ風味が抜群。

専門店スタイル…黄色い皮をむいて輪切りにし、外皮の油分による苦味をカット。香り付けにも、絞って味つけにも使える。

ミルク

ミルクインファースト (MIF): ミルクを先に入れたカップに紅茶を注ぐ。科学的には美味とか。

香りを邪魔せず、紅茶の味を活かすにはティースプーン３～４杯の「常温の牛乳」がおすすめ。

ミルクインアフター (MIA): カップの紅茶に後でミルクを足してゆく。風味の調節には合理的。

左は不十分、右は入れすぎ。牛乳はジャージー種が最適。コーヒークリームは風味を損ねます！

砂糖

カフェで人気の、サトウキビ低精製糖「ペルーシュ」。フレーバーやクラシックブレンドのミルクティーに。

グラニュー糖で作られる角砂糖は、紅茶の風味がぶれない。小粒の 1g タイプが、甘さの調節もできて便利。

紅茶に合うグラニュー糖のスティックタイプ。指で押さえ、入れる量を確実に調節できる。こだわり派に。

カラメルの風味とコクのある甘みを持つ三温糖は、ミルクを使ったアレンジティーやマサラチャイに最適。

日本独特の味、上白糖は紅茶の風味を変えてしまうので基本的に避けるが、レモンティーなど意外と美味に。

紅茶の風味は変化しますが、ハチミツ（アカシアが◎)、メープルシロップ、黒蜜、黒砂糖、ステビア（ハーブ）などでアレンジメントティーを。

差し湯

濃い紅茶を差し湯で薄め、少量の砂糖とミルクで渋みを抑え、風味を整えて楽しむのが英国流。

クリーマー(中央)より大きなホットウォータージャグ(差し湯入れ:右)はポット(左)で代用。

保存方法の基礎知識 ―正しい保管―

例えば数年間しまいこんでいた紅茶を飲んでも、身体に害はありません。しかし紅茶は嗜好品。生鮮食料品と同じ感覚で扱ってあげたいもの。風味が落ちる原因は、空気、湿気、光線、異臭（吸いやすい性質がある）、急な温度差、時間（保管が万全でも傷んでゆく）の6つ。コーヒーや緑茶と違い、家庭用の冷凍庫や冷蔵庫での保管は禁物です！いずれにせよ、翌年には新茶が採れ、同価格で商品化されるのですから、入手後「一年以内」に飲むのがベスト。

缶入りは未開封で３年以内の賞味期限が一般的。開封後は２～３ヶ月が目安だが、中袋に移し、使った分だけ空気を抜いて保存すると最後までおいしい。

密閉容器。右の容器は光にも空気にも当たっているので、毎日数杯飲む方以外にはおすすめできない。左側のように、光と空気を避けるのが望ましい。

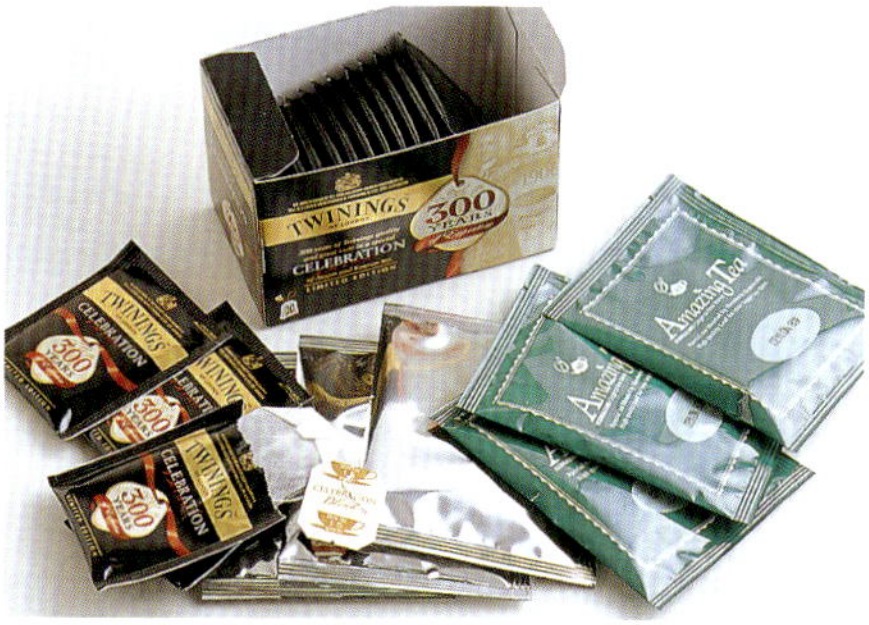

手軽に保管ができ、仕事場や旅先でも便利な防湿フィルム個包装のティーバッグが、世界的な主流になりつつある。時代に合わせた紅茶商品の進化。

紅茶メーカーのガゼットパック（マチ付き袋）は、使った分だけ空気を抜き、そのまま保存できるため合理的。便利な専用クリップも市販されている。

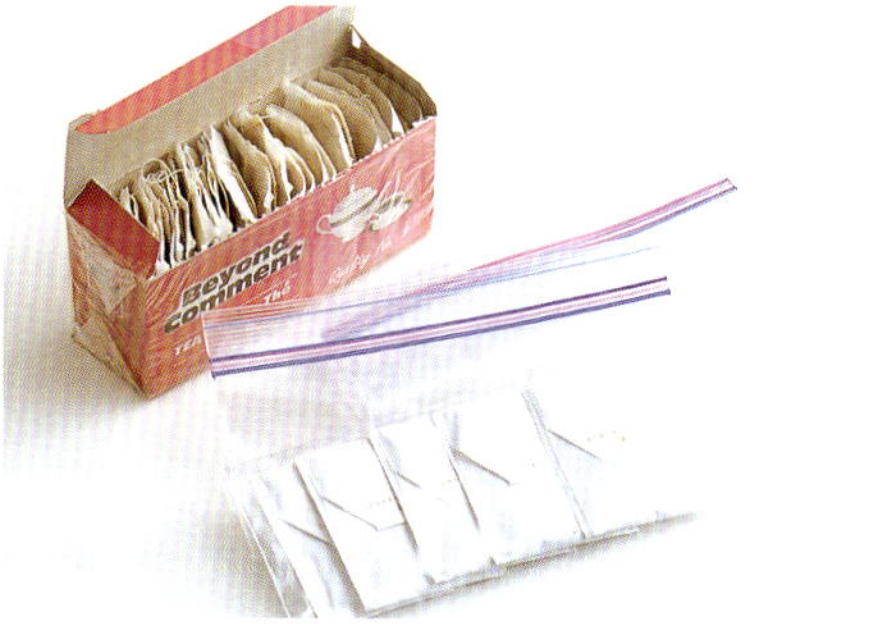

日常消費用ティーバッグや外国製の簡易包装品は未開封で２年以内の賞味期限が一般的。開封後は劣化しやすいので食品保存袋に移し、必ず空気を抜く。

茶葉の購入方法

▼購入先を使い分ける

紅茶には複数の流通ルートがあり、それぞれ長所と短所があるので、うまく使い分けて茶葉を入手しましょう。

紅茶専門店や輸入会社の直営店（主にデパート内）は、新鮮な旬の茶葉、目的別に幅広い価格と品揃え、相談に乗ってくれるスタッフの存在が強みですが、全国に店舗数が少ないのが難点。

輸入食料品店や大型スーパーは、多数のメーカー品を取り揃えており、全国にあって気軽に立ち寄れる無難な購入先ですが、こだわり派には不満が。

コンビニや量販店は、手軽さと価格が魅力ですが、種類が売れ筋のものに限られてしまいます。

インターネットなどの通信販売は、説明文と「購入者の声」が判断材料なので、ある程度の知識と冒険が必要です。

雑貨店やギフトショップ、ホテルやレストランは、よくオリジナル紅茶をプロデュースして、固定ファンを持っていますが、商品の性格上、内容が個性的で、好みと評価が分かれます。

いずれにせよ、紅茶は鮮度と安定した品質が重要ですから、繁盛していて商品の回転が早く、産地や輸入元、専門家とのパイプが太く、商品情報の正確さと速さを持っているお店を見つけるようにしたいものです。

専門のスタッフ、目的別に選びやすい茶葉、食器や器具、ギフトまで揃っている専門店は心強い存在。（茶の愉）

例えばアールグレイでも、複数のメーカーを比較して選べる輸入食料品店。豊富な種類と買いやすい値段も魅力。（成城石井）

▼購入のコツ

常においしい紅茶を飲むためには、信用のおける店から、新鮮なうちに飲み切れる量の茶葉を、少しずつ買うことが一番よいと思います。その分いろいろな種類を試し、こまめに注文して店の人と仲良くなり、新茶の情報や飲み方の知識を得るようにします（昔ながらの日本茶の買い方と同じです）。

また、海外のお土産や季節のご挨拶で、飲み切れそうもない大量の紅茶を貰ったら、生鮮食品と同様に即断してお友達やご近所におすそ分けしましょう。きっとよいことがありますよ。

紅茶にのめりこんだら、直接産地へ新茶の買い付けに。観光客も増えた近年、茶園も直売所に力を入れています。（スリランカ）

形状も材質もさまざまなティーバッグ

ティーバッグの始まりについては諸説ありますが、1896年に英国でA・V・スミス氏が、茶葉を布で包み糸で縛ったもので特許を取り、1908年にアメリカの茶商トーマス・サリバン氏がガーゼの小袋に茶葉を詰めたものを売り出したという記録があります。

茶葉をあらかじめ布袋にくるんでポットに入れ、量る手間と、茶殻の始末を簡単にするアイディア商品のティーバッグ（ティーボウル）は、お湯を注いだカップに漬ければ、そのまま抽出できる「ティーポットいらず」の便利さもあって好評となり、改良が重ねられました。

やがて紙製のティーバッグが登場、1950年前後には、シングルバッグの機械、そして画期的なダブルバッグが発明されました。ダブルチェンバーとも呼ばれる、現在でもおなじみのこのティーバッグは、筒状にした紙袋にティースプーン半分ずつの茶葉を詰めて二つ折りにし、口を留めて糸をつけたもので、専用の機械も開発され、世界の主流になりました。

材質も、不織布やナイロンなどの新素材が積極的に取り入れられ、詰める茶葉も、1930年代に開発された抽出力の高いCTC製法のものや、ダストやファニングといった細かいものを、ティーバッグ向けにブレンドする工夫がされ、手軽なだけでなく、スピード社会に向いた「早く抽出できる」紅茶としても進化していきました。

日本でも1960年代に生産がはじまり、やがて緑茶にもティーバッグ化の波が訪れました。

1980年代には世界に先駆けて三角（テトラ／ピトレ）ティーバッグの生産が始まりました。茶葉がゆったり開くことのできる容積を持つ、この優れた形状が広まるには意外と時間がかかり、先に海外で評価される形となりました（紅茶好きは、早くから存在を知っていましたが…）。

写真のように、ティーバッグには、実にさまざまな形状と材質のものがあります。

現在注目されているのは、OPタイプの本格リーフを、土に還る生分解性フィルターの三角ティーバッグにし、窒素ガスを充填した防湿フィルム個包装のもの。新鮮、簡単、確実においしい紅茶の一形態です。

英国でも、日常飲む紅茶の90％以上がティーバッグという現代。これからも、その進化は続いてゆくでしょう。

第5章
スイーツ&ティーフード

ひとりのときも、気のおけないお友だちとのおしゃべりに、
紅茶がおいしくいただけるお菓子がいっぱい。

アフタヌーンティー
(作り方 108 頁～ 113 頁)

紅茶のショートケーキ

紅茶の香りがいっぱいのふわふわのスポンジと
とろける紅茶クリームがマッチして

材料〈スポンジ生地〉
卵2個、グラニュー糖90g、薄力粉80g、茶葉(イングリッシュブレックファースト)3g、紅茶パウダー(市販品)小さじ1、無塩バター20g、牛乳25cc。〈シロップ〉…水40cc、グラニュー糖16g、キルシュ15cc。

材料〈紅茶クリーム〉
生クリーム250g、グラニュー糖20g、紅茶リキュール15cc、☆濃縮紅茶(水15cc、茶葉(イングリッシュブレックファースト)5g、牛乳35cc)。※苺(飾用込)…中20〜23個。

準備〈スポンジ〉
◎薄力粉に紅茶パウダー、細かくした茶葉を加え、振るいにかけておく。
◎直径15cmの丸形の底と側面に紙を敷き込む。
◎バターは湯煎にかけて溶かし、牛乳も加えて50℃位に温める。ただし、牛乳が少量のため蒸発しやすいので使う直前に温める。
◎オーブンを160℃に温めておく。

作り方〈スポンジ〉
①ボールに卵を入れてほぐし、グラニュー糖を加えて混ぜ、湯煎にあてて40℃位に温め、湯煎から外してハンドミキサー(最初に高速3〜4分、切り替えて低速2〜3分)で泡立てる。
②薄力粉を一度に加え、ゴムベラでボールを回しながら、底から上に返すように混ぜ合わせる。
③粉が見えなくなったら、混ぜて温めておいたバターと牛乳を生地の表面全体にまくようにして更に底からよく混ぜ、きめを整えてつやを出す。
④型に流し、オーブンで160℃・30分焼く。
⑤オーブンから出して型ごと台に落とし、焼き縮みをおさえ、アミの上に型ごと逆さにし冷ます。
⑥粗熱が取れたら上面を上にして完全に冷ましてから、側面から紙をはがし、次に底もはがす。天地の焼き色の濃い部分を薄く切り落とし、スポンジを横に切って厚さ1.5cm、二枚にする。

〈シロップ〉
水、グラニュー糖を鍋に入れて煮溶かし、冷ましてからキルシュを加え、冷やしておく。

準備〈紅茶クリーム〉
◎☆濃縮紅茶…水を手鍋に入れて沸騰させ、紅茶を入れて葉を開かせ、牛乳を加えて5分フタをして抽出し、漉して冷ます。
◎ボールに生クリームを入れ、次にグラニュー糖、紅茶リキュール、作った濃縮紅茶液30ccを加え、ボールの底を氷水で冷やしながら、泡立て器で"6〜7分立て"にしておく。

仕上げ
①スポンジ一枚を回転台にのせて、表面に刷毛でシロップを塗る。
②泡立てておいた紅茶クリーム1/3量を8分立てにし、スポンジの上にのせてパレットナイフでならし、苺を縦半分に切って並べ、再び紅茶クリームを苺の上にのせて、ならす(A・B・C)。
③もう一枚のスポンジの片面にシロップを塗り、塗った面を下にして重ね、軽く押して平らにし、上面にもシロップを塗っておく。
④③のはみ出した紅茶クリームで下塗りをする。
⑤上面に6〜7分立ての紅茶クリームをのせ、パレットで側面に垂れるようにならし、側面に垂れた紅茶クリームをパレットを縦にして、回転台を回しながら全体に塗る。上面も平らに整える。
⑥紅茶クリームでデコレーションし、苺を飾る。
(★合わせて飲む紅茶…120頁参照)

A 6〜7分立てにした紅茶クリームの1/3量だけを8分立てにする。

B スポンジの上にたっぷりの紅茶クリームを平らに塗り苺を放射状に並べる。

C 並べた苺の上にさらに紅茶クリームをのせパレットナイフで平らに塗る。

紅茶のシャルロット

茶葉入りビスキュイ・ア・ラ・キュイエールの
サクサクとした歯ざわりと、紅茶の香りが
洋梨入りムースによく合い
やさしい味わいが楽しめる一品

材料〈ビスキュイ・ア・ラ・キュイエール〉
卵黄40g、グラニュー糖35g、卵白80g、グラニュー糖30g、薄力粉40g、強力粉25g、茶葉（アールグレイ）4g、（ダージリン）3g。粉糖適宜。

材料〈紅茶のムース〉
卵黄40g、グラニュー糖45g。バニラスティック1/6本、ゼラチン4g、冷たい牛乳20cc。生クリーム140g、紅茶リキュール15cc、洋梨の缶詰100g☆濃縮紅茶（水30cc、牛乳160cc、茶葉（アールグレイ）10g。

材料〈シロップ〉
水30cc、グラニュー糖12g、洋梨リキュール12cc。

材料〈仕上げ用〉
洋梨の缶詰150～200g、ナパージュ（つや出し用ジャム）20g、洋梨リキュール5cc。

準備〈ビスキュイ・ア・ラ・キュイエール〉
◎天板にオーブンペーパーを敷き、9×30cmの枠を書いた紙をシートの下に敷いておく。底用も同じように紙に直径14cmの円形に書く。
◎茶葉2種は細かくしておき、薄力粉と強力粉といっしょに振るいにかけておく。
◎オーブンを190℃に温めておく。

作り方〈ビスキュイ・ア・ラ・キュイエール〉
①ボールに卵黄を入れてほぐし、グラニュー糖35gを加えて手早くすり混ぜ、空気を含み白くふわっとするまでしっかり泡立てる。
②別のボールに卵白を入れ、ハンドミキサーの中速でふわっとするまで泡立て、グラニュー糖30gを2～3回に分けて加えながら高速で泡立て、しっかりとしたメレンゲをつくる。

A 1cmの口金を付けた絞りで生地を側面用に9cm×30cmの帯状に絞る。

B 同じように絞りで底用直径14cmの円形に絞り、AB両方に粉糖を振る。

③①に、メレンゲ1/3量→粉1/2量→メレンゲ1/3量→粉1/2量→メレンゲ1/3量と小分けにしながら混ぜ、九分通りで混ぜるのをやめる。
④口金口径1cmの丸口金を付けた絞り袋に生地を入れ、紙を引いた天板に側面用の生地を9cm×30cmの帯状に絞り、底面用も直径14cmの円形に絞る。側面に粉糖を振って、溶けたらもう一度振る。底面は一回のみ（A・B）。
⑤180℃のオーブンで9～10分焼く。

準備〈ムース〉
◎シロップ…水とグラニュー糖を煮溶かし、冷めてから洋梨リキュールを加え、冷やしておく。
◎☆濃縮紅茶…水を手鍋に入れて沸騰させ、紅茶を加えて葉を開かせ、牛乳を加えて5分フタをして抽出し、こす。130cc計量しておく。
◎洋梨…ムース用は1.2cm角。飾り用は2mm厚さにスライスし、ペーパーにのせて水を切り、冷やしておく。
◎セルクル（底のない円形型）の底に厚紙、側面に紙を敷き込む。ビスキュイ側面用を縦1/2に切り、4.5cmの長さにし、セルクルの内側にきっちり貼りつけ、底用のビスキュイの回りを底にぴったり入るように切って、敷き込み、シロップを塗って冷やしておく。
◎ゼラチンは冷たい牛乳に振り入れてもどす。
・生クリームは、7分立てにして冷やしておく。

作り方〈ムース〉
①ボールに卵黄とグラニュー糖を入れてすり混ぜ、濃縮紅茶130ccを加えて混ぜ、鍋に戻してバニラスティックを加え、弱火で82℃まで加熱する。
②火から下ろし、ゼラチンを加えてホイッパーでよく混ぜる。
③裏ごししてボールに入れ、氷水にあてて40℃まで下げ、紅茶リキュールを加えて混ぜ、更に冷やして18℃になったら、生クリームを2～3回に分けて加える。角切りにした洋梨を加え、軽く混ぜる。
④用意したセルクルにムースを流して冷やす。

仕上げ
スライスした洋梨を放射状に並べ、つや出し用ナパージュと洋梨リキュールを混ぜ、レンジで30秒加熱して裏ごしし、表面に刷毛で塗る。
（★合わせて飲む紅茶……120頁参照）

茶葉入りキプフェル

ほろほろと口どけするクッキーです
焼きすぎはバターの風味が飛んでしまうので気を付けて！

材料〈30個分〉

無塩バター60g、粉糖35g、卵黄10g。

〈A〉アーモンドプードル45g、薄力粉60g、茶葉（アールグレイまたはイングリッシュブレックファースト）3.5g、シナモン少々。

粉糖少々。

準備

◎バターは室温に出し、軟らかくしておく。
◎茶葉はフードプロセッサー等で細かくしておき、Aの材料と合わせて振るいにかけておく。
◎オーブンを170℃に温めておく。

作り方

①バターをクリーム状にし、粉糖を加えて白くふわっとなるまで泡立てる。
②卵黄を加えて、混ぜる。
③準備してある茶葉入りの粉を加え、ゴムベラで混ぜる。
④オーブンペーパーを敷いた天板に、口金口径1cmの丸口金で、3cm位の三日月に絞り出す。
⑤粉糖を振り、170℃のオブーンで10分焼く。
⑥仕上げに粉糖を振る。
★合わせて飲む紅茶…香りがよく、澄んだ味わいのネパールやシッキム。キャラメルティーのストレート。
※④の図形…ひとつひとつていねいに三日月型を揃えて作る。

●クッキーの形と大きさ

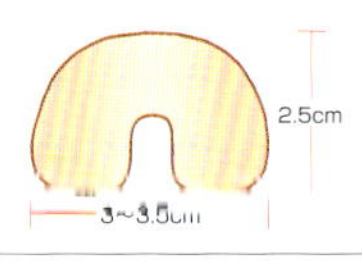

ジンジャークッキー

ジンジャーの辛さがピリッと利いたクッキーです

茶葉入りキプフェル／ジンジャークッキー

材料〈20個分〉

薄力粉200g、加塩バター90g、三温糖100g、ハチミツ大さじ1、全卵30g、ジンジャーパウダー小さじ3、シナモンパウダー小さじ1、クローブパウダー小さじ1/3、カルダモンパウダー小さじ1/4、打ち粉（強力粉）少々。

準備

◎オーブンを170℃に温めておく。

作り方

①薄力粉とスパイスをよく混ぜてスパイスが均一に混ざるように、振るいによくかける。

②室温で軟らかくしたバターに、三温糖、ハチミツ、溶いた卵を加え、よく練り混ぜる。

③②によく振るいにかけた①の粉を加えてよく混ぜ、手でこねるようにしてから、一つにまとめる。まとめた生地をラップに包んで冷やし、1時間ほど寝かす。

④台に打ち粉をひき、包んでおいた生地のラップをはがしてのせ、麺棒で3㎜くらいの厚さにのばす。抜き形に粉を付けてから抜き、天板に並べる。

⑤温めておいたオーブンで170℃・8～10分で焼く。焦がさないように気を付けて焼き、取り出して冷ます。

★合わせて飲む紅茶…ブレックファーストティーをたっぷりのミルクで。アッサムやピーチティーをストレートか、少量のミルクで合せても美味しい。

オレンジのパウンドケーキ

しっとりとしたきめ細かい口当りと
オレンジの香りがすてきです

オレンジのパウンドケーキ

材料〈パウンドケーキ〉

発酵バター（無塩）100g、グラニュー糖100g、全卵100g。

薄力粉100g、ベーキングパウダー2g、オレンジピール120g。

材料〈飾り用〉

（シロップ）

水大さじ2、グラニュー糖15g、グランマルニエ大さじ2。

☆オレンジスライスの缶詰（オレンジスライスのシロップ漬け）½缶。

（つや出し）

アプリコットジャム適宜。

準備

◎18㎝×8㎝×6㎝のパウンド型に紙を敷き込んでおく。

◎オーブンを170℃に温めておく。

◎オレンジピールはスライスカットしてあるもの。もし塊《かたまり》であれば5㎜角に切って使い、どちらも水で洗って水気をふき取っておく。

◎薄力粉とベーキングパウダーは合わせて、振るいにかけておく。

◎バター、卵は室温にしておく。

◎（シロップ）を作る…水とグラニュー糖を煮溶かし、冷めてからグランマルニエを加えて、冷ましておく。

◎アプリコットジャムに少量の水を加えてレンジで30秒くらい加熱する。

作り方

①ボールにバターを入れて混ぜてクリーム状にし、グラニュー糖を加え、ハンドミキサーの高速で4～5分、空気を含んで白くふわっとなるまで力強く泡立てる。

②ほぐした全卵を少量ずつ①に加えながら、よく泡立る。

③振るいにかけて用意していた粉を加え、ゴムベラで粉気がなくなっても50～60回、なめらかでつやのある生地になるまでしっかりとよく混ぜ合わせる。

④オレンジピールを加えて混ぜ合わせる。

⑤生地を型に流し入れ、型を軽く台に落として粗めの気泡を抜いて、表面も平らにする。温めていたオーブンで170℃・40～50分でじっくり焼き上げる。

⑥焼き上がったら紙をはずし、熱いうちにシロップを全体に塗っておく。

⑦冷めたらラップで包み、冷蔵庫で保存しておく。

⑧オレンジスライスのシロップ漬けを上面に少しずらしながら並べ、アプリコットジャムを刷毛で塗る。（すぐに頂かなければ、オレンジスライスはのせないでおきます）

★合わせて飲む紅茶…爽やかな口当たりと、隠れた深みのあるニルギリが好相性。鉄観音茶などを少し加えたオリエンタルなブレンドティーもおすすめ。

●オレンジスライスのシロップ煮の作り方

材料

オレンジ……1個

水……200cc

グラニュー糖……80g

作り方

①オレンジはよく洗って4㎜くらいの輪切りにし、鍋に入れてオレンジにかぶるくらいの水を注ぎ（分量以外）、ゆでる。沸騰したらゆで汁を捨て、再度分量以外の水を注ぎ、柔らかくなるまで中火で15～20分煮て、ゆで汁を捨ててボール等に移しておく。

②鍋に水200ccとグラニュー糖を入れて火にかけて煮溶かし、①のオレンジを戻し入れ、キッチンタオルなどで落としぶたにして弱火で10～15分煮る。煮上がったら、火を止めてそのままシロップの中で冷ます。

知人を招いて楽しいティータイム　アフタヌーンティー

ティーサンドイッチ

ちょっとおしゃれなサンドです

材料〈2人分〉
サンドイッチ用白パン4枚、ライ麦等茶色っぽいパン4枚…（厚さ6㎜位）、無塩バター適宜、レタスの千切り1/2個。

準備
◎バターは室温において塗りやすくし、パンにバターを塗っておく。
◎器に千切りのレタスを敷いておく。

キューカンバーサンドイッチ

材料・作り方
きゅうり1/2本、塩適宜
①きゅうりは洗ってから皮をむき縦に2㎜くらいの薄切りにして塩を強めに振る。
②パンにきゅうりを並べてパンをのせ、サンドしてラップに包んで休ませ、4等分に切る。

たまごサンドイッチ

材料・作り方
卵2個、あさつき又は細ネギ…小口切り大さじ1、マヨネーズ大さじ2強、塩、こしょう少々
①たまごを固ゆでにして、白身はみじん切りにし、黄身はよくつぶして白身と混ぜ合わせる。
②①にあさつき等とマヨネーズ、塩、こしょうを入れて混ぜ合わせる。
③②をのせて平らにし、サンドしてラップして休ませ、4等分に切る。

スモークサーモンのロールサンド

材料・作り方
スモークサーモン2枚、玉ねぎ10g、ケッパーのみじん切り2粒分、レモン汁少々
◎準備…パンより4㎝ほど大きめに切ったラップを台に敷き、その上に濡らしてよくしぼったペーパータオルを敷く(A)。
①玉ねぎをスライスし、塩もみをして水にさらしてしぼる。
②ラップの手前の縁に合わせてパンを置き、サーモンを中央に並べ、その上に玉ねぎとみじん切りのケッパーを並べてレモン汁数滴をたらす。
③ラップを巻きす代わりにし、パンをクルクルと巻く。横の余ったラップの部分をひねるようにして巻き(B・C)、休ませてから4等分に切る。

ローストビーフサンドイッチ

材料・作り方
薄切りのローストビーフ1枚、マスタードソース…ペースト状の洋マスタード（あまり辛くない物）小さじ2、粒マスタード小さじ2、ケチャップ小さじ2、ウスターソース小さじ1/2、塩、こしょう少々
①マスタードソースの材料を小さめのボールに入れて混ぜ合わせる。
②スモークサーモンのロールサンドと同じように、ラップの上にパンを置き、①のソースを塗ってローストビーフを中央に並べ、巻いて休ませ、4等分に切る。全種のサンドイッチを器に盛る。
（★合わせて飲む紅茶…120頁参照）

A 台にラップを敷き、ペーパータオルをパンのサイズに合わせて切り、水に濡らしてよくしぼって、パンをのせる。

B ラップを巻きす代わりにし、パンをクルクル巻く。ラップとペーパータオルを巻き込まないように注意。

C 巻き終わったら、両サイドのラップをひねるようにクルッと巻いて、そのまま少し休ませる。

アフタヌーンティー

フルーツのタルトレット

色彩鮮やかなフルーツとクリームはタルトとの相性は最高！

材料15個分

〈タルト生地〉
発酵バター（無塩）80g、粉糖50g、全卵25g、アーモンドプードル20g、薄力粉135g。

〈アーモンドクリーム〉
発酵バター（無塩）60g、グラニュー糖60g、全卵60g、アーモンドプードル60g、バニラエッセンス少々。

〈カスタードクリーム〉
牛乳200g、バニラスティック1/8本、卵黄50g、グラニュー糖45g、薄力粉16g、キルシュ大さじ1、生クリーム60g。

作り方〈タルト生地〉

①室温で戻したバターに、振るいにかけた粉糖を2~3回に分けて加え、すり混ぜる。
②卵を少しずつ加えながらよく混ぜる。
③アーモンドプードルと薄力粉をいっしょに振るいにかけてから②に加え、木ベラで混ぜ合わせる。
④ひと塊《かたまり》になったらラップに包み、冷蔵庫で一晩寝かせる。

作り方〈アーモンドクリーム〉

①室温に戻したバターに、グラニュー糖を2~3回に分けて加え、白っぽくなるまですり混ぜる。
②卵を2回に分けて加え、バニラエッセンス、アーモンドプードルを加え、ゴムベラで混ぜる。

作り方〈カスタードクリーム〉

①手鍋に牛乳とグラニュー糖1/3量、バニラスティックを入れて火にかけて、80℃まで加熱する。
②ボールに卵黄を入れ、残りのグラニュー糖を加え、白っぽくなるまですり混ぜる。振るいにかけた薄力粉を加え、混ぜる。
③①を②に少しずつ混ぜ合わせ、裏ごしをしてから鍋に戻す。
④強火にかけて、木ベラで絶えず混ぜながら煮る。沸騰したら中火にし、さらに強火にして1分間煮る。
⑤ボールに移し、氷水にあてて短時間で冷やす。
⑥キルシュを加えて混ぜ合わせて、なめらかになるように混ぜる。
⑦しっかりと泡立てた生クリームを⑥に入れて混ぜ合わせる。

仕上げ

①タルト型にバターを薄く塗っておく。
②タルト生地を2㎜厚さに延ばし、タルトレット型に敷き込み、フォークで数カ所穴をあけ（空気穴）、冷蔵庫で休ませる。
③アーモンドクリームを絞り入れ、180℃のオーブンで15分焼き、型から外す。
④出来上がったタルト台にカスタードクリームを絞り入れ、好みのフルーツを飾り、粉糖を茶こしなどに入れて、フルーツの上にさっと振りかけ、生クリームやミントを飾る。
★合わせて飲む紅茶…アフタヌーンブレンドは、どのメーカーのものでもタルトと相性のよい面を持っている。キームンやケニアに少量のミルクを加えても美味しい。

フルーツのタルトレット

スコーン

2種類のスコーンが味わえます

材料〈ハード・スコーン〉…直径約5㎝・12個

薄力粉220g、加塩バター50g、三温糖35g、全卵1個（牛乳と合わせて75gが目安）、ベーキングパウダー8g、紅茶（BOPタイプ）小さじ1、ハーブ（ローズなど）小さじ½、強力粉（打ち粉用）少々。

作り方

①薄力粉とベーキングパウダーを混ぜ、よく振るいにかけておく。

②バターを室温で軟らかくし、三温糖、紅茶、ハーブを入れて練り混ぜる。

③②に①を加え、手ですり合わせるようにしてよく混ぜる。目安は湿った生パン粉のようなボロボロとした状態。

④溶いた卵の半分の量を入れて手で混ぜ、練り込まないようにさっとこねて塊にし、残りの卵と牛乳を少量ずつ加えて、生地をまとめておく。

⑤手に打ち粉をつけ、生地を半分にちぎり、そのまた半分に、このひと塊を三等分にします。12個の生地をゴルフボール大の大きさに丸める。

⑥球形の生地を天板に並べてから、生地を上から軽く押しつぶすようにする。

⑦予熱しておいたオーブンで、190℃・14分焼く。

材料〈ソフト・スコーン〉…直径約6㎝・10個

A（薄力粉175g、強力粉75g、ベーキングパウダー10g、塩小さじ¼、砂糖30g）

B（無塩バター75g、牛乳55g、生クリーム55g、全卵50g）

準備

◎材料Aを全部合わせて振るいにかけ、冷やす。

◎Bの全卵をほぐして、牛乳、生クリームを加え、冷やす。

◎バターは1.5㎜角に切ってよく冷やす。

◎オーブンを190℃に温めておく。

◎天板とオーブンシートを用意。

作り方

①フードプロセッサーに、Aとバターを入れ、バターを米粒大に切り混ぜる。ただし混ぜすぎないように。※フードプロセッサーが無い場合は、ボールの中でカード（調理器具）を使い、バターを小さく刻んで両手で粉とバターをすりつぶすように混ぜた後、30分冷やす。

②ボールに移してBを加え、ゴムベラで混ぜてひと塊《かたまり》になったら、打ち粉をした台で軽くこねて20～30分冷やす。冷やした生地を1.5㎝の厚さに伸ばし、直径5～6㎝の抜き型で打ち粉をつけながら抜く。

③天板に並べ、上面に牛乳を刷毛塗りして、190℃に熱したオーブンで15～20分焼く。

④スコーンを横半分に切って、クロテッドクリーム、ジャムをのせていただくと美味しい。

（★合わせて飲む紅茶…120頁参照）

器・小物／ロウレイズティーショップ

紅茶に合う

和菓子

甘夏ピール入り黄身しぐれ

甘夏ピールが入って
黄身しぐれが
おしゃれになりました

材料〈8個分〉

白あん（市販のもの）……250g
卵黄（Lサイズ）……1個分
卵黄（Lサイズ）・ゆでたもの……2個分
砂糖（上白糖）……大さじ1.5
上新粉……小さじ2
甘夏ピール……大さじ1.5

作り方

①ボールに白あんと卵黄を入れて手でよくもんで混ぜ、鍋に入れて弱火にかけながら、木じゃくしで卵黄を入れる前の白あんの硬さにもどるまで練る。

②ゆでた卵黄を裏ごしし、上白糖を加えてスプーンなどで、しっとりするまでよく混ぜる。

③①の白あんと上新粉を②の黄身に加え、木じゃくしでよく混ぜ合わせる。

④甘夏ピールを加えて全体によく混ぜ、甘夏ピールが行きわたるように混ぜ合わせる。

⑤④を8等分にし、ひとつひとつ優しく丸める。

⑥経木またはオーブンペーパーを5cm角に切っておき、丸めた黄身あんの底にあて、強火で15分蒸す。

★合わせて飲む紅茶…ダージリンのセカンドフラッシュやウダプセラワの上品な渋みとコクがよく合います。ダージリンをベースにしたアールグレイもおためしを。

●甘夏ピールの作り方

材料

甘夏の果皮
砂糖（上白糖）……果皮と同量

作り方

①甘夏の果皮は、白い部分をていねいに取りのぞき（A）、大きなボールか鍋に入れ、一晩水に浸して苦味をとり、浸けておいた水を捨ててざるに上げて、果皮を4～5cm幅くらいに切る。

②①を鍋に入れ、ひたひたの水と砂糖を加え、1時間くらい煮込み、途中煮詰まりかけたら、水を少し加えて煮る。焦がさないように注意（B）。

③きれいなあめ色になってきたら火を止め、バットなどに取り出して、冷ます。

④出来上がった甘夏ピールを、細かくきざんで黄身しぐれに使用（C）。

◎ビンなどに入れて冷蔵庫で保管。パウンドケーキなどにも使えます。

◎完全に乾かないうちにグラニュー糖をまぶして十分に乾燥させると甘夏ピールの砂糖漬けに。そのままでも美味しく、常温でも長持ち。

◎甘夏やオレンジ、レモン等柑橘類はできるだけ無農薬かそれに近いものを使用。

A 皮の白い部分をていねいに取りのぞく。

B 焦がさないようにあめ色になるまで煮る。

C 出来上がったら冷まし、細かくきざんで使う。

紅茶に合う

和菓子

マンゴーあん入り水まんじゅう

透き通った水まんじゅうに
マンゴーのたれがとろりと美味です

材料〈8個分〉
水まんじゅうの素（市販）25g、上白糖87g、水162g。
くず粉25g、水5g…合わせてよく溶いておく。
（マンゴーあん）
白あん（市販）100g、マンゴー（完熟）1個。

マンゴーあんの作り方

①マンゴー$2/3$個は、皮をむいて裏ごしをしておく。ボールに白あんを入れ、裏ごしをしたマンゴー大さじ3を加え、木ベラでよく混ぜる。

②残りのマンゴー$1/3$個を5㎜大のさいの目に切り、①に加えてつぶさないように混ぜる。

水まんじゅうの作り方

①ボールに水まんじゅうの素と上白糖を入れ、手でよくもむようにして混ぜる。

②①に水を加えて木ベラでよく混ぜ、鍋に移し中火にかけ、木ベラで底が焦げないようにたえず混ぜ、透き通るまで煮る。

③作っておいた水溶きくずを②に加え、全体に混ぜ合わせて、火からおろす。

④水まんじゅう用のプラカップか、おちょこなどの型を用意し、③の生地を型の$1/3$量を流し入れ、マンゴーあんを真ん中に加え、更に生地を型いっぱいまで流し入れる。冷蔵庫で冷やし固める。

⑤型からはずして器に盛り、作っておいた残りの裏ごししたマンゴーを、ソースとしてかける。（★合わせて飲む紅茶…120頁参照）

紅茶に合う
冷たいお菓子

杏仁豆腐

誰もが好む美味しさです

材料〈6人分〉

（杏仁豆腐）

牛乳500cc、生クリーム200cc、グラニュー糖、杏仁霜各20g、水200cc、板ゼラチン10g。

（シロップ）

グラニュー糖150g、水100cc、アーモンドエッセンス適宜。

（トッピング2種）
・クコの実18個、桂花陳酒小さじ1…クコの実を桂花陳酒に数時間漬けておく。
・季節のフルーツ適宜。

作り方

①板ゼラチンは水（分量外）につけ、ふやかす。
②杏仁霜は分量の水に入れ、よく溶かしておく。
③鍋に牛乳、生クリーム、グラニュー糖と②を入れて火にかけ、沸騰直前まで温めて、火を止める。
④③の中に、水気をしぼったゼラチンを加え、ホイッパーでよくかき混ぜ、溶かす。
⑤鍋底を氷水にあてて冷まし、あら熱をとってから型に流し入れ、冷蔵庫で冷やし固める。
⑥固まった杏仁豆腐にシロップをかけ、クコの実かフルーツを好みでトッピングする。

シロップの作り方

グラニュー糖と水を小鍋に入れ、よく溶かして冷まし、アーモンドエッセンスを加える。（★合わせて飲む紅茶…120頁）

クレームブリュレ

ほろ苦いパリパリの表面を割ると
中からとろりとした紅茶クリームが…

材料〈ココット7個分〉

☆ミルクティー150g、生クリーム250g、卵黄80g、グラニュー糖45g、バニラスティック1/4本。ブラウンシュガー（仕上げ用）

準　備

◎ミルクティーを作る…鍋に牛乳200gを入れ、沸騰したらしめらせておいた紅茶（アールグレイ6gとアッサム6g）を入れて弱火で30秒加熱して火を止めフタをして5分間抽出し、こして150g計量しておく。

◎オーブンを140℃に温めておく。

作り方

①卵黄をほぐして、グラニュー糖を分量の半分を加えて泡立てずにすり混ぜる。

②作っておいたミルクティーを鍋に入れ、バニラスティック、生クリーム、残りのグラニュー糖を加え、80℃まで加熱する。

③①に②を少しずつ加えながら、泡立てないで切るようにして混ぜてこす。

④天板にバットをのせ、ココットを並べて③の生地を流し入れる。

⑤天板に60℃くらいの湯を注ぎ、140℃のオーブンで30分焼く。冷めたら冷蔵庫に入れて冷やす。

⑥仕上げにブラウンシュガーを振り、バーナーで表面を焼き、２回繰り返す。バーナーが無いときは、いらなくなったティースプーンの先を直火にあて、熱くなったスプーンで繰り返し焼く。やけどをしないようにスプーンの持ち手を鍋つかみで。（★合わせて飲む紅茶…120頁参照）

紅茶に合う 冷たいお菓子

ティーゼリーとレモンムースのクープ

甘ずっぱいムースと紅茶ゼリーがよく合う冷たいデザートです

材料〈6人分〉

〈ティーゼリー〉水450g、紅茶（トロピカルブレンド）10g、グラニュー糖55g、ゼラチン6g、冷水30cc。〈レモンのムース〉A（卵黄40g、グラニュー糖45g、牛乳150g、生クリーム50g）、粉ゼラチン6g、牛乳30cc、レモン汁50cc、グランマルニエ15cc、卵白30g、グラニュー糖20g。

作り方〈ティーゼリー〉

①ゼラチンを冷水で膨潤させる。

②水を沸騰させ紅茶を入れ5分蒸らし、ペーパータオルを使いこす。抽出した紅茶370ccを鍋に戻し、グラニュー糖を加えて溶かし、80℃に温める。

③30秒レンジにかけて溶かしたゼラチンを、温めておいた②に加え混ぜ、もう一度こす。クリームダウンを防ぐため、氷水で急速に冷やす。

〈レモンムース〉

①牛乳30ccにゼラチンを加え膨潤させる。

②材料Aの牛乳と生クリームに少量のグラニュー糖を加え加熱する。

③ボールに卵黄と残りのグラニュー糖をすり混ぜ、②を少しずつ加え混ぜ、鍋に戻し82℃まで加熱し、火から降ろしゼラチンを加え混ぜ合わせる。

④裏ごしして、ボールに移して氷水にあて冷却する。40℃くらいになったら、レモン汁とグランマルニエを加え、かなりとろみをつける。

⑤卵白30gとグラニュー糖20gでメレンゲを作り④に加えて混ぜ合わせ、ティーゼリーの上に絞る。（★合わせて飲む紅茶…120頁）

お菓子に合う紅茶

【紅茶のショートケーキ】…100頁
★合わせて飲む紅茶…味をバランス良く楽しむなら、ブレックファースト。できれば、セイロンやケニアをベースにしたブレンドが、爽やかな口当たりでおすすめ。また、ダージリンのオータムナルも美味しい。

【紅茶のシャルロット】…102頁
★合わせて飲む紅茶…バランス良く楽しむなら、材料に使った紅茶より強めの香りがするアールグレイ。ケーキの風味を引き立てるなら、ジャワティーやセイロンブレンドを軽めに淹れます。

【ティーサンドイッチ】…108頁
★合わせて飲む紅茶…軽く食べたい気分なら、ケニアやキャンディをストレートで。ウバやキームンに少量のミルクを加えて飲むと、しっかり食べた気分に。ラプサン・スーチョンやトロピカルフルーツのフレーバーティーも好相性。

【スコーン2種】…112頁
〈ハードタイプ〉
意外なほどに、紅茶の風味が楽しめますので、いろいろな茶葉でためしてみてください。
★合わせて飲む紅茶…ストレートならローズティーやミントティー、クリームをたっぷりつけてディンブラのミルクティーと一緒にどうぞ。
〈ソフトタイプ〉
★合わせて飲む紅茶…ジャムをたっぷりつけて、濃いめのアールグレイやセイロンブレンドをミルクティーで。バニラやチェリーのフレーバーティーはストレート、ミルクともおすすめ。

【マンゴーあん入り水まんじゅう】…116頁
★合わせて飲む紅茶…黒蜜のような香りのするルフナやドアーズをストレートで。じっくり蒸らしたシッキムもあんの風味を引き立て、口どけを良くしてくれます。アイスティーでも、ためしてみてください。

【杏仁豆腐】…117頁
★合わせて飲む紅茶…ミントティーやアップルティーをストレートかアイスティーで。ジャスミンティーやダージリンのセカンドフラッシュに少量のミルクを加えると、不思議な相性を感じられます。

【クレームブリュレ】…118頁
★合わせて飲む紅茶…上品な渋みのヌワラエリヤか、香り高いアールグレイを軽めに淹れて、口をさっぱりとさせながらいただきます。

【ティーゼリーとレモンムースのクープ】…119頁
★合わせて飲む紅茶…せっかくのゼリーをシンプルに楽しむのもよいですが、ミルクたっぷりのキャンディやケニアのアイスティーや、ティーゼリーと同じ茶葉を使ったティーソーダ、フルーツセパレートティーと合わせてみるのも面白いでしょう。

◎アフタヌーンティー 豆知識

優雅なティータイムの一つの完成形といえるアフタヌーンティーは19世紀半ばにベッドフォード公爵夫人アンナ・マリアによって始められたといわれています。夕食の時間が遅かった当時、空腹を満たすために工夫された午後の軽食が、やがて親しい方を招いてのティーパーティーへ、そして社交のお茶会へと発展していったのです。この流れを現代に受け継いでいるのが、ホテルのアフタヌーンティー。お値段もなかなかですが「ちょっとお茶しに」という考え方は禁物。古き良き上流階級の習慣を味わうつもりで、格好よく満喫したいものです。逆に、家庭でのアフタヌーンティーは本来の精神を大切に、自分らしいアイディアで、たっぷりの紅茶に、お菓子やサンドウィッチを用意して、おしゃべりを楽しむことに徹してみてください。

第6章

ティータイムが楽しくなる紅茶の雑記帳

紅茶については知らないことがたくさんあります。いろいろなことを知って理解が深まれば、紅茶がよりおいしく、気のおけない仲間や知人とのティータイムもきっと楽しくなるはずです。

紅茶の歴史とエピソード

味わい深い一杯の紅茶。その背景には興味深い歴史とエピソードがありました。

◆お茶の歴史は中国から始まる

今や世界中で飲まれているお茶。ルーツをたどると、およそ1800年前の中国に遡ります。しかし当時つくられていたお茶は緑茶でした。そして紅茶の原型と考えられている烏龍茶が現れたのは1000年ほど前。紅茶が商品として本格的に飲まれるようになったのは、ほんの150年ほど前のことです。

ところが、現在飲まれているお茶は、4分の3が紅茶、残りの4分の1のほとんどが緑茶、烏龍茶はごく限られた地域の飲みものと言えるようです。この150年の間にこれほどまでに人々に浸透してきた紅茶には、さまざまな人物との関わりやエピソードがあります。そんな興味深い紅茶の

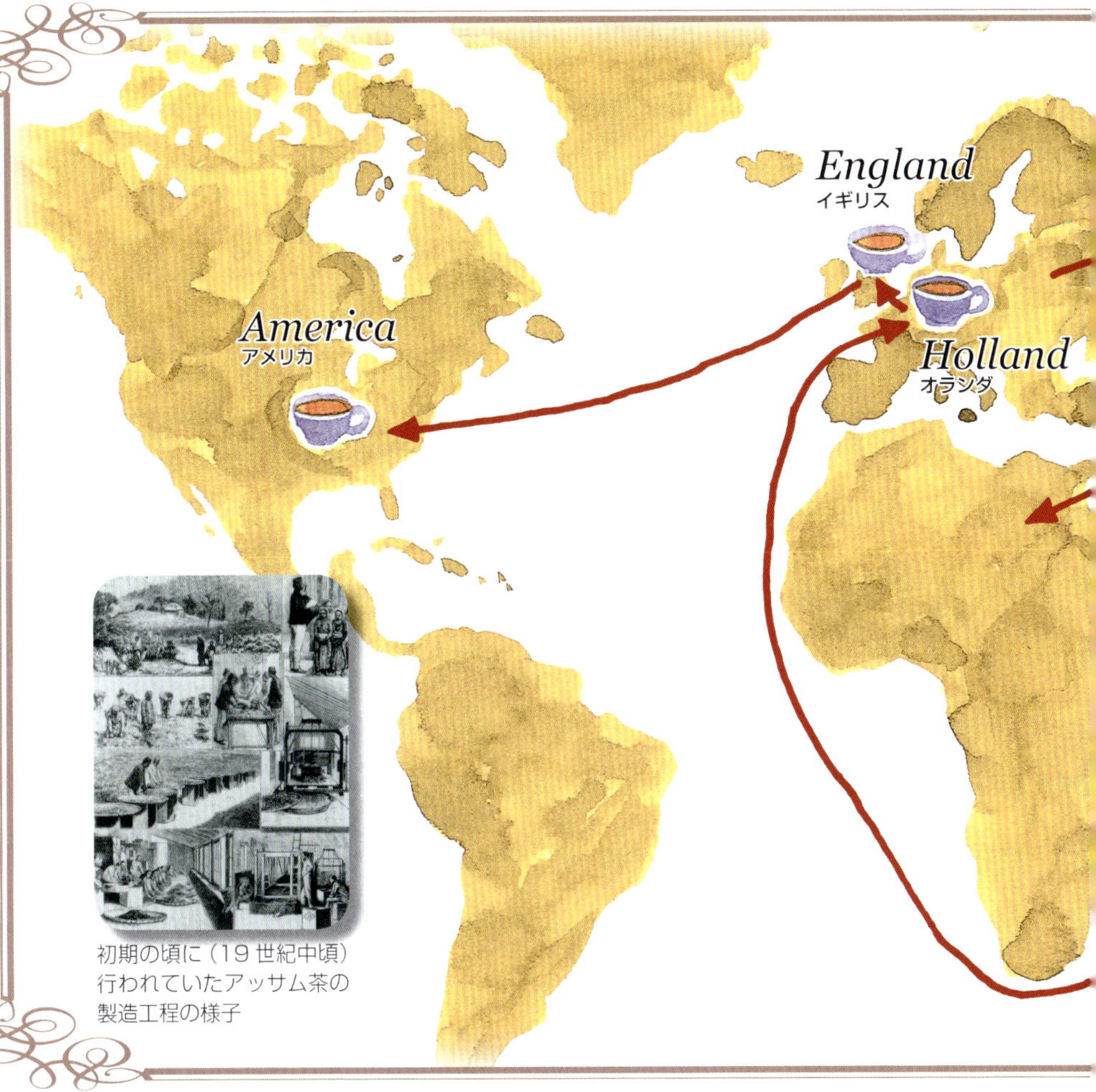

初期の頃に（19世紀中頃）行われていたアッサム茶の製造工程の様子

歴史に触れてみましょう。

◆シルクロードを経てアジアへ

8世紀、唐の時代の中国。〝茶の神様〟として知られるようになった陸羽《りくう》が、世界でもっとも古いお茶に関する全書「茶経《ちゃきょう》」を著しています。ここには当時のお茶の淹れ方、楽しみ方の工夫などが記録され、お茶を飲む習慣が定着していたことをうかがわせます。

9世紀になると、陸路を経て、近隣のアジア諸国にもお茶が伝えられるようになります。チベット、モンゴル、朝鮮半島、日本などです。さらに14世紀には東西の交易、キリスト教の布教、そして東洋の香辛料や絹、陶磁器などの交易を求めて、はるばるヨーロッパの人々が東洋にやって来るようになり、ポルトガル人が最初に東洋の喫茶文化にふれて、少なくとも王侯貴族、文人の間には喫茶が普及していきました。1610年、オランダの連合東インド会社によって初めてお茶や茶道具が公式にオランダに輸入されました。お茶はたちまちオランダの貴族や上流階級の人々の間でブームとなりました。古くからお茶の風習があったのはイギリスが先と思われがちなのですが、当時オランダの東インド会社は、中国やインドネシアとの貿易を独占的に行っていたため、イギリスはやむをえず、インドとの貿易に重点を置いていたのです。オランダによってイギリスをはじめ、フランス、ドイツにお茶の風習が伝えられるのは、それから20年ほども後のことになります。

◆大繁盛のコーヒーハウス

オランダ経由でお茶が入ってきたイギリスでも、アラビアから伝わったコーヒー、アメリカ大陸から入ってきたチョコレート（ココア）との登場と相まって、お茶もじわじわと広まっていきます。当時、コーヒーハウスと呼ばれた喫茶店がロンドンの商業地帯に次々と誕生しており、そこにお茶もメニューのひとつとして登場するようになりました。入店料だけで、同時期に発達した新聞も読めるサービスを提供したコーヒーハウスは貴族や上流階級の人々の社交、情報交換の場として繁盛し、お茶の普及にひと役買うことになったのです。

ところが、コーヒーハウスは女人禁制、あくまでも男性の社交場であったために、女性や子どもたちが店でお茶を飲むチャンスはまだありませんでした。

◆「ティー・ドリンキング・クイーン」の登場

1662年、イギリス国王・チャールズ2世のもとに、ポルトガル・ブラガンサ王家のキャサリン妃が嫁いできました。彼女がイギリス王家に嫁いできたことは、イギリスでのお茶の普及に少なからず影響を及ぼしました。

というのもキャサリン王妃の出身地ポルトガルでは、少なくとも王族や貴族の間では喫茶の風習がすでに根づいており、彼女も当然、お茶を楽しむ習慣を身につけていたからです。嫁入り道具の中には、中国製の茶道具や茶葉の入った茶箱が含まれていたといいます。さらに彼女はイギリス王室が持参金として求めた〝船一杯の銀塊〟の代わりに、当時は銀と同じくらい貴重で同等の価値があるとされていた〝砂糖〟を船一杯持参しまし

着々と中国茶の買いつけや貿易の支配権を拡大したイギリスの東インド会社本館

ロンドンでコーヒーハウスに代わって登場したティーガーデン（喫茶園）でくつろぐ家族

た。キャサリンの、紅茶に砂糖を入れて飲むという贅沢な習慣は、イギリスの宮廷の貴婦人や富裕階級の人たちにとても強烈なインパクトを与え、広まっていったのです。キャサリン王妃は、イギリスの歴史書ではイギリスの最初の〝ティー・ドリンキング・クイーン〟として紹介されています。

その後、17世紀末にイギリス女王として君臨したメアリー女王、18世紀のアン女王と、シノワズリー（中国趣味）好みで、お茶好きな女王がイギリスに君臨、お茶を飲む風習はさらに上流社会にとけ込んでいきます。後にイギリスの伝統的なアフタヌーンティーに発展するアフターディナーティー（ディナーの後、応接間や居間に場所を移してお茶を楽しむ）の習慣が根づいたのもこのころ。労働をしない富裕階級の夫人方にとって、召使いたちを動員してお茶会の準備や設営をし、茶会を開催するということは物質的な見栄を張れる絶好のシーンであり、ちょうどいい暇つぶしともなったのです。銀の茶道具や鍵のかかるティーキャディー（茶葉を入れる容器）などは上流階級のステイタスシンボルにもなりました。

◆紅茶の原型、武夷茶の登場

１６６９年、イギリスの東インド会社は、強力な海運力を盾に東洋との貿易の主導権を握り、中国から直接お茶の輸入を始めました。当時輸入されていたのは緑茶がほとんどでしたが、中国ではすでに緑茶以外にもさまざまなお茶が作られていました。そしてイギリスにも、紅茶の原型とも言われる武夷茶（ボヒーティー）や、工夫茶（コングーティー）が輸入されるようになります。発酵させて独特の香りや風味を持ったこれらのお茶は、その茶葉の外観の色から緑茶＝グリーンティーに対して、紅茶＝ブラックティーと呼ばれます。とはいえ当時はまだ上流社会で人気だった緑茶の方が高級品とされ、18世紀初めの紅茶は全輸入量の6分の1程度でした。ここから紅茶が緑茶にとって代わることになるのですが、それにはいくつかの理由がありました。

まずひとつは、お茶の輸入は東インド会社が独占していたため、高値で売れる緑茶は密輸入が行われるようになり、緑茶に混ぜものをした茶や、ニセ緑茶も大量に出回ってしまったのです。当然、緑茶のイメージはダウンしていきます。また、肉食が中心のイギリスの食卓では、さっぱりとライトな口あたりの緑茶よりも、色も味も濃厚な紅茶が好まれたこともあげられます。さらにはロンドンを中心とする都市部のミネラル分の多い硬水には緑茶は合わなかったということもあり、紅茶の需要がグンと上がったのです。こうして18世紀の半ばには、イギリスの紅茶の約7割が紅茶になり、19世紀には緑茶はほとんど姿を消すことになったわけです。

◆上流階級から中産階級、そして一般家庭へ

18世紀後半のイギリスは、産業革命によって〝世界の工場〟として発展し、さらにはロンドンが〝世界の銀行〟と呼ばれるようになりました。そのころになるといわゆる新しい専門職階級＝中産階級が生まれ始め、彼らが上流階級のまねをして茶道具一式を持ち、喫茶を楽しむことが広まっていきました。そしてそれが一般の労働者階級にも広がっていったのです。

お茶に対する知識や情報が広まっていく中で、すでに廃れかけていたコーヒーハウスに代わって、階級と性の差別なく誰でもが利用できる〝ティー・ガーデン（喫茶園）〟が登場し、散歩や花火、音楽会、演劇などと、パンやケーキとお茶が楽しめるようになりました。そこで覚えたサービスを自宅で実践することが流行していきます。さらに中国製の貴重な陶磁器や銀製品に代わって、イギリス国内の陶磁器、金属食器が発展し、大量生産が可能になったこと、かつては貴重品だった砂糖が西インド諸島で大量生産されるようになったことなども、一般の家庭へのお茶の普及を加速したと言えるでしょう。また19世紀に入ってからの国民的な禁酒節制運動や、職場での給食の始まりも手伝って、喫茶の習慣は定着していったのです。

◆イギリス国産紅茶の誕生

１８２３年、イギリスの紅茶文化に大きな影響を与える出来事がありました。イギリスの植物学者、ロバート・ブルース少佐が、それまで中国にしかないと思われていた茶の樹がインドのアッサム地方で自生しているのを発見したのです。当時インドはイギリスの植民地であったため、イギリスは茶葉を中国からの輸入に頼らず、独自に生産できることになったのです。それだけでなく、発見されたアッサム種は中

茶葉を運んだ快速帆船ティークリッパー「タエピン号」。イギリス人の紅茶への関心を盛り上げたレースも行われた

1906年に日本に初めて輸入された外国製銘柄の「リプトン紅茶」の宣伝用ポスター

国種より高温多湿の土地によく育ち、茶葉も大きかったため、大量生産が可能になりました。そして現在も紅茶産地として有名なダージリン、ニルギリ、同じく植民地であったセイロンなどにも大規模な茶園が作られ、紅茶はそれまで以上に大量に生産、そして消費されていきます。

◆人々が熱狂した「ティークリッパーレース」

イギリスの人々の紅茶への関心をさらに盛り上げた出来事がもうひとつあります。「ティークリッパーレース」です。ティークリッパーとは茶葉を運ぶ快速帆船。中国からイギリスまで運ぶ時間が短いほど、お茶に高値がつけられ利益を上げられるため、その年の新茶を一番に運び入れた船に賞金を出す「ティークリッパーレース」が始まったのです。人々はその船を予想する賭けに夢中になったと言われています。

1869年にスエズ運河が開通すると、帆船に代わって蒸気船が主流になったためレースは終了します。運河開通わずか6日後に進水した〝カティ・サーク号〟は幻のティークリッパーとして、ティーレースとともに後々まで語り継がれています。

こうした歴史を経て、紅茶は、イギリスの国民的飲料として定着していくことになるのです。

◆緑茶文化の日本に広まった紅茶

では日本ではどのようにして、今日のように紅茶が飲まれるようになったのでしょう。

わが国の伝説によると、奈良時代に遣唐使として中国を訪れた最澄や空海らが茶の種子を持ち帰ったのが最初とされ、815年には学僧の永忠（ようちゅう）が嵯峨天皇に献茶したのが最初の記録とされています。当時の緑茶は僧侶や貴族などが飲んだり、儀式の際の貴重な飲みものとされていたようです。

千利休によって茶道が生まれ、大名たちに広まったことで、茶葉の生産が盛んに行われ、緑茶は庶民の間にも広まっていくこととなります。

こうして緑茶文化が浸透していた日本にイギリスから紅茶がもたらされたのは、明治時代に入ってからのこと。明治維新後、鎖国政策の後で、海外との貿易を盛んにすることが優先され、国産紅茶の研究が進められた時期もありましたが、気候的な条件、人件費などの面で頓挫。1906年に外国製銘柄の「リプトン紅茶黄缶ナンバーワン」が輸入されました。これはハイカラ好みの上流階級の人々や、すでに欧米諸国で紅茶文化にふれていた、銀行、商社のエリートと家族、外交官や学者などの間で広まっていきます。

昭和の時代になって日本で最初の国産紅茶「三井紅茶」（その後日東紅茶に改称）が発売されました。これを含め数銘柄の紅茶が販売されましたが、戦争で海外からの輸入はストップ、敗戦を迎える頃には日本の茶園も荒廃し、紅茶メーカーも開店休業の状態が続きました。

ようやく１９７０年代に入って紅茶の輸入が自由化され、再び日本にも紅茶が定着するようになります。生活の洋風化やアメリカで成功した手軽な〝ティーバッグ〟も日本での紅茶の普及に貢献、ギフト需要も高まって、１９８０年代のイギリスブーム、アフタヌーンティーブームへとつながっていきます。

◆進化する手軽なティーバッグ

日本でもこれだけ紅茶が親しまれてきたのは、ひとつには、前述の通りティーバッグの存在が大きいと思われます。茶葉の計量もいらず、茶がらの始末もラクなティーバッグは、19世紀末にイギリスで考案されたティーボールが原形とされています。それは1杯分の茶葉をガーゼでくるみ、四隅を糸でしばった簡単なもの。その後、20世紀初頭にアメリカの茶商が商品化、濾紙《ろし》が開発されて改良され、世界中にシングルバッグが普及していきます。最近では茶葉がよりジャンピングしやすいようなテトラ形も。日本でも戦後急速に普及し、現在では紅茶の主流ともいえる大切な役割を果たしていきます。リーフティーの香りや風味により近い紅茶を淹れられるティーバッグの素材や形などの研究は、今も続けられ、どんどん進化しています。

◆新しい紅茶の形〜RTDとインスタントティー

ティーバッグは紅茶の主流ともいえると書きましたが、現在ではそれ以外にも身近なところに紅茶があります。ペットボトル入りや缶紅茶などがそれで、ＲＴＤと呼ばれています。レディートゥードリンク、つまりそのままですぐ飲めるという意味です。ＲＴＤにはミルクティーやレモンティーなどさまざまな種類があり、コンビニや自動販売機などで手に入りやすいのが特徴です。家でわざわざ紅茶を入れて飲むことはなくても、こうしたＲＴＤなら飲んだことがあるという人も多いのではないでしょうか。ＲＴＤのおかげで、紅茶の新しい世界が広がりを見せています。

また、お湯や水を注ぐだけでおいしい紅茶が飲めるインスタントティーの取り組みも進められています。インスタントティーなら人気のロイヤルミルクティーやチャイなども家庭で手軽に楽しむことができます。茶葉を丸ごと加工することができるので、浸出液以上に、体にいい成分が残さずとれることもメリットのひとつ。いずれも、今後もますます開発が進み、新しい商品が登場することでしょう。

◆変化する紅茶のこれから

食品の安全性がさまざまな角度から問われる現在、紅茶に対してももちろん、安心、安全への意識が高まっています。農薬を使わない有機栽培のオーガニックティーも見かけるようになりました。産地や加工地などがハッキリわかるトレーサビリティも重要視されており、おいしさはもちろんのこと、消費者が安心できる紅茶作りが今後も進められていくことでしょう。

紅茶の変化は安全性だけでなく、名前にもあらわれています。産地や茶葉の形状、収穫期だけでなく、たとえばダイエット時に向く紅茶、リラックスしたいときの紅茶など、ハーブやフレーバーをブレンドして機能性を重視した紅茶のバリエーションが増えてきているのです。人々の嗜好が多様化する中で、お茶という垣根を越えて、こうしたブレンドティーはますます複雑化し、より自分に合った好みのお茶を選ぶことができるようになってくるはずです。

紅茶の世界はどんどん多様化し、変わってきています。だからこそ、これまで長きにわたって積み上げられてきた紅茶文化をもう一度見直して、紅茶が作り出してきた「ゆとり」や「豊かさ」を、現代の生活の中に上手に取り入れ、生かしてほしいと思います。

紅茶が歴史を変えた…紅茶から始まった2つの戦争

■ボストンティーパーティー

18世紀半ば、戦争で莫大な戦費を使ってしまったイギリスは、植民地アメリカに重税を課すことで財政を立て直そうとします。お茶にも高い税金が課されました。結果、アメリカ国内ではイギリスからの輸入は減り、密輸茶や代用茶が広まってしまったのです。在庫を抱えたイギリス政府は、今度はお茶への課税を免除してお茶を売りさばこうとしますが、アメリカ住民の不満は収まらず、茶箱を積んでボストンに入港したイギリス船を襲撃、茶箱をすべて海に投げ落としてしまったのです。1773年に起こったこの事件は「ボストンティーパーティー（ボストン茶会事件）」と呼ばれ、この事件がきっかけとなって各地で同様の事件が起こり、最終的にはアメリカの独立戦争へとつながっていきます。

1773年、アメリカ・ボストンで起こった「ボストン茶会事件」。この事件によってアメリカ独立戦争のきっかけとなった

■アヘン戦争

19世紀に入って、イギリスでは紅茶の消費量が増えていきました。当時は中国からお茶を輸入していたのですが、その支払いには"銀"が使われていたのです。消費量が増えて支払われる銀の量が増え続けたため、イギリスは、植民地のインドで大量に生産されていたアヘンをどんどん中国に売りつけ、それで紅茶を得ようとしました。中国国内にアヘンが蔓延し、さまざまな悪影響を及ぼすようになると、中国は厳しくアヘンを取り締まり、イギリス船から2万箱を押収して焼きはらいました。これが原因となって、ついに1840年、アヘン戦争が始まってしまったのです。紅茶はイギリスと中国の間にも戦争を引き起こす原因となったのです。

世界のティータイム

世界各国で、いったい紅茶はどのように飲まれているのでしょうか？ 駆け足で、地球をひと回りしてみましょう！

【英国】

日常の紅茶は9割以上がティーバッグですが、日本より硬度の高い水を、きちんと沸騰させてじっくり蒸らすので、どっしりとした風味があります。濃厚な牛乳と砂糖を加えたミルクティーが、甘いケーキによく合います。日本で飲む紅茶と、まったく異なるタイプのおいしさです。

英国で完成された、格式あるアフタヌーンティーも楽しみましょう。ちょっとお茶しに、という気分は禁物。日本でいえば親しい方を会席料理に招くような感覚です。そう考えれば、お値段やちょっとお上品なスタイルも、納得できると思いませんか？

英国以上の紅茶消費国はアイルランド。ティースタイルは英国に似ています。

今も紅茶文化の伝統が残るホテルのブレックファーストティー。濃く淹れた紅茶とたっぷりのミルクが出される。

【ヨーロッパ】

ヨーロッパ大陸は全体的に、ハーブティーの歴史が長く、主にコーヒーの文化が花開いたこと、英国以上に水質がお茶の風味に影響することなどから、フレーバーティーやハーブブレンドティーが中心となっているようです。東欧や北欧にも紅茶専門店があります。

☆　☆

フランスの華はカフェですが、優雅な雰囲気の喫茶室（サロン・ド・テ）の、フランス風ケーキとフレーバーティーの組み合わせは、英国スタイルと共に世界で人気があり、日本にもお店が進出しています。近年、茶葉専門店（メゾン・ド・テ）が増え、緑茶の人気が復活していることも注目。隣国のベルギーも、同じような流れのようです。

☆　☆

ドイツはハーブティーの本場ですが、ダ

フランスでは優雅な雰囲気がただよう喫茶室（サロン・ド・テ）が人気。

イタリアの茶葉専門店。ハーブやフレーバーティーなど品揃えも豊富。

ージリンの買い付けではよく日本と競合するなど、紅茶も多少飲まれています。最近は緑茶への関心が高いようです。

☆

イタリアもエスプレッソの国、という印象ですが、家庭ではハーブティーと紅茶をよく飲むようです。ちゃんと茶葉専門店もあるんですよ。

☆

ロシアでは、サモワールと呼ばれる湯沸かしポットの祖先を使って、とても濃く淹れた紅茶をお湯で薄め、お茶請けにジャムをなめます。冬が長く厳しい国のティータイムは、大切な栄養補給の時間なのです。

【アメリカ・アジアに注目!】

実は、世界の紅茶文化を知る上で、アメリカはとても面白い国。世界のホテルビジネスのお手本らしく、ホテルのティーサービスはなかなかのもの。東海岸では英国の紅茶文化の流れをくむ、ティースタイルを楽しむことができますし、西海岸にはネイティブアメリカンのハーブ文化を取り入れたカフェや面白いブレンドティーがあります。何より凝り性でパワフルなお国柄、食器のコレクターや料理研究家にも、元気の良い方がたくさんいるのです…。

アジア各地を旅すると、伝統的な地元のお茶文化と、欧米流のティースタイルが同時に体験できます。世界中の都市で、ホテルのティーサロン、ファーストフード、ショッピングモールのカフェといった形で、日本にいるのと何ら変わりなく紅茶を飲むことができる現代。とはいえ、使う砂糖の量とミルクの質、お茶菓子については、それぞれのお国柄を感じることができます。

【北アフリカ〜中近東】

意外かもしれませんが、紅茶の大量消費地域です。ミントやスパイスを加え、お砂糖はたっぷり。ミルクは使いません。

☆

モロッコは、ミントティーの本場。暑さのきびしい北アフリカでは、ミント+紅茶+糖分+水分が体を守ってくれるのです。

☆

トルコでは、紅茶をチャイと呼びますが、ミルクは入れず、チャイバルダックという

モロッコのミントティーの店。ミントの葉をたっぷり詰めたグラスに、ミントティーを注ぐ。

小ぶりのグラスで何杯も飲みます。チャイハネ（喫茶店）が街中にあり、独特の紅茶文化が根付いていることを感じます。

また、ケニアをはじめとする東アフリカ諸国は、21世紀の有力な紅茶産地ですが、輸出のために栽培が始まった歴史ゆえか、喫茶は英国の日常のスタイルが中心です。

【インド・スリランカ】

ミルクティーが主流ですが、日本人が想像する味とは、かなり違っています。

インドの移動チャイ屋。チャイが入ったやかんでクリという素焼きのカップに注ぐ。

☆**インド**は、生産量、消費量とも世界一の紅茶大国。国民飲料というべきチャイ（92頁）は街じゅうに屋台があります。砂糖はたっぷり、クリと呼ばれる素焼きのカップを使い、飲み終えたら器を砕いて土に還します（ガラスや金属、紙のコップもあります）。スパイスは店や家ごとに調合、入れない場合もあります。

☆**スリランカ**では、キリテーと呼ばれる甘いミルクティーが日常親しまれています。牛や水牛のミルクが豊富に入手できるインドと異なり、保存や輸送の簡単な粉ミルクを主に使い、高いところから注いでダマにならないよう泡立てて作り、砂糖たっぷりの紅茶と一緒に、ジャガリーと呼ばれる、黒砂糖に似たヤシ蜜の結晶をかじります。

☆**ネパール**の紅茶はインドと似たスタイルですが、チベット～モンゴル地域の影響で、煮出したお茶にバター、塩、ミルクを加えてよく混ぜた、栄養補給のためのいわば「お茶のスープ」を飲む地域もあります。

スリランカの食堂を兼ねた食料品店〝HOTEL〟の店先で売られているミルクティーのキリテー。

【東南アジア～中国】

都市部の紅茶事情は、どこに行っても日本と同じようなものですが、香港やシンガポールなど、植民地時代の名残りで、英国式のティーが楽しめるところもあります。

多くの地域で甘いミルクティーが好まれていますが、砂糖と牛乳のかわりに、コンデンスミルクがよく使われています。

紅茶が生まれた中国は、紅茶産地の周辺で、緑茶や烏龍茶と同じように、マグカップや蓋茶碗に紅茶を入れ、やかんのお湯を何度も足しながら飲んでいます。

紅茶と健康

紅茶の成分のいろいろ

おいしいだけでなく意外な効用がある

●紅茶には体にうれしい成分がたっぷり

食事の後や、のんびりとしたティータイムに何気なく飲んでいる紅茶ですが、この紅茶、おいしいだけでなく、体にいい成分がたくさん含まれているのをご存じでしょうか。実は紅茶がヨーロッパに入ってきたときは、現在のように嗜好品としてではなく、病気を癒す薬…万病に効く東洋の神秘薬として扱われていたほどのものだったのです。当時は必ずしも科学的な裏づけがあってのことではなかったようですが、時を経てさまざまな研究が進み、今では紅茶に含まれる数々の成分や、それらが私たちの体にどういった効果をもたらすのかが、明らかにされてきています。

●紅茶の3大成分、タンニン、カフェイン、テアニン

紅茶の主な成分は3つあります。コクや渋みの成分である「タンニン」、苦みや味の深み成分の「カフェイン」、そして紅茶のうまみ、甘みをかもし出すアミノ酸の一種「テアニン」という成分です。中でも、健康効果の高い成分はタンニンとカフェインです。タンニンはカテキンとも呼ばれるもので、発酵の過程で〝紅茶フラボノイド〟というポリフェノールの一種に変化します。これが活性酸素の害から体を守る強い抗酸化作用を持っています。またカフェインは、よく知られているように、大脳の自律神経を興奮さ

紅茶の主な成分と意外な効用

紅茶の成分には体にいい成分がたくさん含まれています。

かつては薬用として扱われていた紅茶がおいしいだけでなく、意外な効用があることがわかってきました。

カフェイン

新陳代謝や皮下脂肪の燃焼を促す働きがあるので美肌やダイエット効果も。覚醒、疲労回復効果も。

タンニン

活性酸素の害から細胞を守ってくれる強い抗酸化作用や血液を固まりにくくする作用がある。

ビタミンB群

体に必要なエネルギー源をつくり出すビタミンBは、疲労回復やストレス解消にも効果がある。

テアニン

紅茶のうまみや甘み、香りをもたらすアミノ酸の一種。リラックス効果があってストレス解消にも。

カリウム

筋肉の収縮や弛緩を助ける働きがあるので便秘解消や、体内の老廃物の排泄を促す利尿作用がある。

アミノ酸

うまみや甘みをもたらす成分で、興奮を抑えて心と体をリラックスさせる効果がある。

カロテン

抗酸化作用があるが、浸出された紅茶には含まれないので茶葉をそのまま使うお菓子づくりなどに。

フッ素

歯のエナメル質を強くする働きがあり、殺菌作用のあるカテキン類とともに虫歯予防に効果がある。

せる作用、眠気を覚ます作用、疲労回復作用などがあります。詳しくは後述しますが、紅茶の健康効果は、この2つの成分抜きには語れません。

●ビタミン、ミネラルも豊富

この主要な成分以外には、ビタミン、ミネラル類が挙げられます。ビタミン、というとビタミンCを思い浮かべる方が多いと思います。茶葉にはビタミンCも含まれているのですが、浸出された紅茶にはほとんど含まれません。紅茶に豊富なのは、エネルギー代謝に欠かせないビタミンB群です。紅茶が疲労回復に効果的とされるのは、このビタミンB群のおかげと言えるでしょう。ビタミンC同様、ほとんど浸出されませんが、茶葉にはカロテンや、ビタミンEなども含まれます。

ミネラル類では、虫歯を予防するとして有名なフッ素、利尿作用を持ち、体内の余分な塩分などを排出するのを促すカリウムが豊富です。

●毎日の紅茶で美肌づくり

ではこうした紅茶に含まれる成分は、具体的にどういう効果をもたらしてくれるのでしょうか。

まずは肌を美しくするということが挙げられます。カフェインには新陳代謝を促進する働きがあります。それは古い細胞を新しいものと入れ替えるということ。肌のしみはメラニンという色素が沈着して起こるものですから、新陳代謝が活発ならばしみができにくいと言えます。また、カフェイン、カリウムには利尿作用があります。利尿作用は体の老廃物や、毒素を排出することにつながりますから、肌荒れ予防に効果的と言えるでしょう。むくみがちな人にもおすすめです。

そして紅茶ポリフェノールの持つ抗酸化作用が、肌の老化を防ぐと言われています。老化は、ストレスや紫外線の影響で体内に発生した活性酸素が、体をサビさせることが原因のひとつとされていますが、この活性酸素の害を最小限に抑えて、若々しい肌をキープするのに役立つのです。さらに、テアニンがもたらすうまみ、香りや、紅茶を飲むゆったりとした時間が体と心をリラックスさせ、ストレスを解消することも、美肌効果のひとつといえるかもしれません。

●カフェインが脂肪を燃焼

また、紅茶はダイエットにつながる効果もあります。

ダイエットに大きく関わってくる紅茶の成分はカフェイン。カフェインは皮下脂肪の燃焼を促進するのです。運動時のエネルギー消費は、まず筋肉中に存在するエネルギーの素、グリコーゲンが燃焼し、その後15～20分経ってやっと脂肪がエネルギーとして燃え出します。つまり15分以上は運動をしないと脂肪が消費されないのですが、運動前に紅茶を飲んでカフェインをとると、脂肪から先に燃え出すことが明らかにされたのです。筋肉中のグリコーゲンは残ることになるので持久力がつくということもあり、紅茶ベースのドリンクを愛飲するスポーツ選手も少なくありません。コーヒーにもカフェインは含まれますが、紅茶はテアニンなどのアミノ酸がカフェインの刺激を抑えるため、胃への負担がより少ないとされています。

ただし、紅茶にたくさん砂糖を入れたりするのはNG。カフェインよりも砂糖が先に体内に吸収され、せっかくの効果も半減します。皮下脂肪の燃焼には、紅茶をストレートで。ぜひお試しあれ。

●ガン予防には紅茶ポリフェノール

日本人の死因の多くを占めるのがガン。食生活の欧米化が進む中、日本人には少なかった種類のガンが増えているのも事実です。このガンを予防して、健康な毎日を過ごすのにも紅茶はひと役買ってくれます。

ガンは、体内の細胞が何らかの刺激で突然変異し、周囲の細胞を破壊しながら増殖していくことで起きます。ここにも活性酸素が影響していると考えられていますが、紅茶フラボノイドやカテキン類には、強い抗酸化作用があるため、活性酸素の害から細胞を守ってくれるのです。抗酸化作用を持つ成分としてはビタミンEがよく知られていますが、紅茶の作用はその約20倍とも言われています。

●動脈硬化にも効果が！

生活習慣病の中でもガンと並んで恐ろしい病気は動脈硬化です。これは血管内にコレステロールや脂肪などが沈着して血管壁が厚く硬くなり、さらには血栓ができて血管が詰まり、血液が充分に行き渡らないという病気。心臓で起これば心疾患、脳で起これば脳血管疾患です。紅茶のカテキン類には血液を固まりにくくする作用がありますし、紅茶フラボノイドが血糖や血中コレステロールを抑えてくれる効果もありますから、日頃から紅茶を飲むことが、動脈硬化をはじめとする生活習慣病の予防につながると言えるでしょう。

●紅茶でうがいは本当に効果アリ？

たかが…と甘く見ていると、さまざま

な病気を招きやすい病気が、風邪。ふだんから予防のためのうがいや手洗いを欠かさず、風邪かな?と思ったら、すぐに対処するのが正解です。

よく紅茶でうがいをすると効果的と言われますが、どうしてでしょうか。それは、紅茶に含まれるカテキン類に消毒、殺菌作用があるからです。わざわざ紅茶を入れるのはもったいない…と思われるのでしたら、うがいくらいなら出がらしで充分。家族で習慣づけるとよいでしょう。

ではかかってしまったら? 風邪を治す基本は、保温、安静、睡眠。ここにぜひ紅茶を加えてみてください。紅茶のタンニンには、ウイルスの活動や増殖を抑える効果があります。温かい紅茶で体を温め、ぐっすり眠れば、風邪をひいてしまってもひどくならずに済むかもしれません。

●食中毒が心配なときも やっぱり紅茶

風邪と比べれば起こる頻度は少ないかも知れませんが、最近では、O-157が大問題になるなど、食中毒も他人ごとではありません。紅茶の消毒、殺菌効果は、細菌性の食中毒や下痢にも効果を発揮するということをお知らせしておきましょう。コレラ菌の研究からお茶に食中毒の症状を改善する働きがあることが明らかになり、紅茶でも試してみたところ、同様に菌の繁殖を抑える効果があることがつきとめられました。

●カテキン&フッ素のW効果で 虫歯予防も

カテキン類の消毒、殺菌作用は、虫歯予防にも当てはめて考えることができます。虫歯の原因となる菌をやっつけて、虫歯をできにくくするのです。また、紅茶にはフッ素が含まれると書きましたが、このフッ素は歯の組織を強くします。このダブルの効果が虫歯を予防!子どもたちにはもちろん大人も、食事やおやつタイムの飲みものには、紅茶を選んでみてはいかがでしょう。

●のんびり、ゆったり気分で 紅茶を楽しむ

さまざまな紅茶の成分と健康効果を紹介しましたが、やはり特筆すべきはその抗酸化作用です。この作用は、他の抗酸化物質…たとえばビタミンCやE、カロテンなどと一緒にとると、より強い効果を発揮すると言われています。食事やティータイムに、野菜や果物、乳製品などの食材と合わせて楽しむことが、より紅茶の健康効果を高めることになります。食事をしながら、気分転換をしながら、ゆっくりと、紅茶を楽しむことを続けてください。少しずつでも続けることで、徐々に体が元気になっていくはずです。

紅茶にハーブをプラスして楽しむ
心とからだによいレシピ

紅茶は健康によいだけでなく、薬草として用いられてきた各種のハーブを、飲みやすい味にしてくれます。扱いやすい、代表的なハーブを使ったレシピを紹介します。

紅茶とハーブのパワーで、日常のさまざまな健康トラブルに対処してください。

※tsp＝ティースプーン。ハーブは大きさがまちまちなので、目安としてください。

《イライラ・安眠・風邪に…》

茶葉…セイロンブレンド1tsp　ハーブ…リンデン2tsp＋ベルベーヌ2tsp

＜手順・カップ2杯分＞

温めたポットに茶葉とハーブを入れ、熱湯300ccを注いで2分蒸らし、茶殻をこす。

※ベルベーヌは別名レモンバーベナ。

《落ち込み・便秘・美肌に…》

茶葉…セイロンブレンド1tsp　ハーブ…ローズ2tsp＋スペアミント1tsp

＜手順・カップ2杯分＞

温めたポットに茶葉とハーブを入れ、熱湯300ccを注いで2分蒸らし、茶殻をこす。

※ローズはペタル（花びら）を使用。

《美肌・ストレス・スポーツに…》

茶葉…ニルギリ2tsp　ハーブ…ハイビスカス大さじ1＋ローズヒップ大さじ1（市販のティーバッグを使うと簡単。）

＜手順・グラス2杯分＞

温めたポットに茶葉とハーブを入れ、熱湯240ccを注いで3分蒸らし、茶殻をこしながら氷で一杯にしたグラス2個に注ぎ分ける。

※甘みを加えたり、濃く淹れてグレープフルーツなどの果汁で割るとさらに美味。

《夏バテ・風邪が原因の体調不良に…》

茶葉…ニルギリ1tsp　ハーブ…エルダーフラワー2tsp＋メリッサ1tsp（ハーブ専門店でシロップも入手できる。）

＜手順・グラス2杯分＞

温めたポットに茶葉とハーブを入れ、熱湯240ccを注いで3分蒸らし、茶殻をこしながら氷を一杯にしたグラス2個に注ぎ分ける。

※メリッサは別名レモンバーム。濃く淹れて甘みをつけ、炭酸水で割るとさらに美味。

《食べすぎ・二日酔い・安眠に…》

茶葉…アールグレイ1tsp　ハーブ…レモングラス2tsp＋カモミール1tsp

＜手順・カップ2杯分＞

温めたポットに茶葉とハーブを入れ、熱湯300ccを注いで2分蒸らし、茶殻をこす。

※冷蔵庫でじっくり水出しにすれば、飲みすぎ食べすぎの翌朝の水分補給に。

《便秘・美肌・呼吸器トラブルに…》

茶葉…アールグレイ1tsp　ハーブ…マロウ2tsp＋マリーゴールド2tsp

＜手順・カップ2杯分＞

温めたポットに茶葉とハーブを入れ、熱湯を注いで2分蒸らし、茶殻をこす。

※マロウは別名ウスベニアオイ。マリーゴールドは園芸種と食用種があるので注意。

《頭痛・リラックスに…》

ラベンダーティー（31頁参照）

第7章
日本で手に入る 紅茶ブランドカタログ

日本では、世界中で親しまれている
実に多くの有名ブランドの紅茶が手軽に入手できます。
ブレンダーたちの技によって生み出された人気の逸品を選んでみました。

※ご紹介している情報は、いずれも諸事情により、変更されることがあります。
※「SFTGFOP1」などの等級表示は各メーカー独自の判断によるものです。

AHMAD TEA
アーマッド ティー

**紅茶の本場イギリスで
高い評価を得た
リーズナブルな紅茶を提供し続ける。**

1950年代に紅茶輸入業者として誕生以来、栽培、ブレンド、発酵方法など紅茶に関するあらゆる知識と経験を現在まで受け継いでいます。アーマッドブランドは、創始者アーマッド・アフシャーの基本理念である高いブレンド技術による品質保持とリーズナブルな価格が英国のティーショップで評価され、お客様のご要望によって1986年に設立されたもの。クセがなく飲みやすい味は紅茶業界でも高く評価されています。

アールグレイ

中国産紅茶に柑橘系の果実ベルガモットの香りをつけた自慢の逸品。
●原産地／中国●等級／BOP●飲み方／アイスティー、ミルクティー

フルーツセレクション

フルーツフレーバーティーの中で特に人気のある４種類をセットしたコレクション。
●原産地／マラウィ、スリランカ●等級／BOPF●飲み方／ストレートティー･アイスティー

問：富永貿易㈱

Whittard of Chelsea
ウィタード

**茶葉そのものの味へのこだわりは
そのままに、関連商品や
洒落たパッケージにも人気がある。**

創始者ウォルター・ウィタードの理念「最高の茶葉の入手」「ベストの紅茶の提供」を実現するため、指定農園からその年最高の茶葉だけを厳選、さらに手作業で詰めるというこだわりのブランド。極力ブレンドを少なくして茶葉そのものの味を生かしているのが特徴です。紅茶の種類も多く、カップなど紅茶関連商品も豊富、パッケージデザインがお洒落で、プレゼントにも最適。英国国内に約130店舗をもつ人気のある紅茶専門店です。

イングリッシュローズ

口当たりのよい紅茶にトロピカルフレーバーとバラの甘い香りを加えた華やかなお茶。
●原産地／インド●等級／OP●飲み方／ストレートティー

ヨガティーデトックス

体内を浄化するハーブ、アニスの実とフェンネルを加えた身体のバランスをよくするお茶。
●原産地／トルコ、エジプト●飲み方／ストレートティー

問：㈱ウィタード オブ チェルシー ジャパン

WEDGWOOD
ウェッジウッド

英国を代表する
高級陶磁器ブランドによる
伝統的な味わいのイングリッシュティー。

ウェッジウッド社は元々はイギリス陶工の父と呼ばれたジョサイア・ウェッジウッドによって1759年に設立された陶磁器ブランドで、1991年に紅茶業界に進出しました。ポリシーはボーンチャイナ特有の光沢と美しい絵柄で世界的に知られるティーカップにふさわしい上質のティータイム。紅茶は英国伝統のミルクティーにあうタイプのブレンドティーに力を入れ、ティータイムに欠かせないビスケットやプリザーブなども豊富にそろっています。

アールグレイ

中国茶とセイロン茶をブレンドし、ベルガモットの香りを加えたフレーバーティー。アイスティーにも。
●原産地／中国、スリランカ●等級／OP●飲み方／ストレートティー、ミルクティー

ウェッジウッド オリジナル

厳選された茶畑でとれた最高の茶園から作った自信作。深い味わいと気品ある香りが特徴。
●原産地／インド、ケニア●等級／OP●飲み方／ミルクティー

問：㈱日食

EIKOKUYA
えいこく屋

高品質の紅茶と季節の香りをつけた
フレーバーティーが楽しめる
通人好みのお店。

紅茶とインド料理の専門店として、1979年に愛知でオープン。茶葉がとれる時期にあわせて、中国・インド・スリランカ・ヨーロッパ・ケニアなどから直輸入で買いつけ、厳選して販売しています。季節ごとに作られる旬の香りを加えたフレーバーティーも紅茶好きには楽しみのひとつです。フランスのプロヴァンスなど世界中から集めた日本人好みのハーブも販売しており、オリジナルティーを作りたい人にも人気のお店です。

ダージリンアラカワバリ

アラカワバリはゴパルダーラ茶園の中の特別の茶葉の名称。クオリティーは折り紙つき。
●原産地／インド●等級／OP●飲み方／ストレートティー

セイロン ティープラッカー

色・味・香りのバランスが優れており、どんな飲み方でも味わい深い紅茶。
●原産地／セイロン●等級／BOP●飲み方／ストレートティー、ミルクティー

問：㈲えいこく屋

HEDIARD
エディアール

今からおよそ150年ほど前、パリ・マドレーヌ広場にエキゾチックなフルーツや香辛料、紅茶やジャムなどを扱う食料品店として誕生。食通の目に止まって繁盛し、今ではフランスの芸術品を広める目的で設立された「コルベール委員会」に唯一の食料品店として選ばれています。紅茶は伝統のブレンド技術を受け継ぐ名ブレンダーによっておよそ100種を販売。高品質の変わらぬ味がパリッ子に愛され、フランス国内外150余店舗を展開しています。

技術を受け継いだ
名ブレンダーが生み出す、
パリッ子御用達の高級食料品店の紅茶。

エディアール ブレンド

ベルガモット・レモン・オレンジで香りつけした繊細で個性的、口当たりのいい紅茶。
●原産地／中国●等級／OP●飲み方／ストレートティー

アールグレー

中国茶の茶葉にシチリア産のベルガモットで香りをつけた魅惑的な紅茶。
●原産地／中国●等級／OP●飲み方／ストレートティー

問：㈱センチュリートレーディングカンパニー

Karel Capek
カレル チャペック

絵本作家・イラストレーターであり、紅茶やイギリス菓子関係の著書も多い山田詩子さんが1987年にオープン。店名は、ロボットという名称の生みの親で、第二次世界大戦前後に新聞記者や小説家、エッセイストなど八面六臂の活躍をしたチェコの作家カレルチャペックからとっています。上質で飲みやすい紅茶、ハーブティー、独特のフレーバーティーを中心に、テーブルウエアも充実。シンプルでかわいいパッケージが女の子に大人気です。

伝統を大切にしつつ、
紅茶を楽しむことを提案。
独特のフレーバーティーも人気のショップ。

ガールズティー

イチゴの葉、マリーゴールド、コーンフラワーを加えたフレーバーティー。女の子のお茶会に。
●原産地／スリランカ●等級／OP●飲み方／ミルクティー、ストレートティー

ブリティッシュモーニング

風味豊かなダージリンと味の濃いアッサムをメインにブレンドした紅茶。ミルクティーに。
●原産地／インド●等級／OP●飲み方／ミルクティー、ストレートティー

問：カレルチャペック紅茶店

Kobe Tea
神戸紅茶

紅茶消費量日本一の街で生まれた、
ビギナーから通までうならせる
紅茶づくりをめざす。

1961年にドイツから日本初のティーバッグ自動包装機を導入したのをきっかけに、紅茶製造会社として誕生。古くから世界に開けた港町で、紅茶消費量は日本一という神戸にふさわしい最高レベルの技術と品質を維持してきました。世界の産地から旬の時期に摘まれた茶葉を国内有数の紅茶鑑定士が厳選、日本の水にあわせてブレンドした紅茶は、ビギナーから通までうならせる味わいです。

イングリッシュブレックファスト ティーバッグ

濃くて刺激的な渋みが名前のとおり目覚めの一杯に最適。英国風ミルクティーのベストブレンド。
●原産地／インド、ケニア●等級／TBF●飲み方／ミルクティー

※TBF＝ティーバッグ用ファニングス

ロイヤルブレンド

シルバーチップが入った優雅な香りとマイルドな味わいが誰にでも愛される逸品。
●原産地／インド、ケニア●等級／BOP●飲み方／ストレートティー、ミルクティー

問：神戸紅茶㈱

Shanti
シャンティ

現地コネクションを活用し、
インド最上の茶葉からつくられる
個性豊かな紅茶。

シャンティ紅茶は、元インド政府紅茶局広報官のシャンティスリ・ゴスワミ氏が1981年に設立したメーカー。設立者の「本当においしい紅茶を広めたい」という意図そのままのシャンティ（サンスクリット語で「満ち足りた感覚」を意味する）というネーミングどおり、インドの自家茶園で大切に育てられた茶葉や現地との強いコネクションから得られる最高品質の茶葉まで、およそ300種以上の個性豊かな逸品が揃っています。

セカンド・フラッシュ・ダージリン

最も茶葉が充実する時期に直輸入したダージリン。個性的な味と香りをストレートで。
●原産地／インド
●等級／FTGFOP1
●飲み方／ストレートティー

アッサムクラシック

ゴールデンチップをたくさん含んだプレミアムグレードのアッサム。まろやかで繊細な味わい。
●原産地／インド
●等級／FTGFOP1
●飲み方／ミルクティー

問：ジャパン・ビジネス・サービス㈲

Dallmayr
ダルマイヤー

独自の製法で作るフルーツティーに
定評のある、300年の伝統を誇る
ドイツ屈指のフーズブランド

18世紀初めにドイツ・ミュンヘンで始まり、バイエルン王室御用達として知られる同店は、商品とサービスの質を低下させないために支店を持たないという厳しい経営姿勢を貫き、今でもヨーロッパ屈指のフーズブランド。使用する茶葉にあわせた発酵方法を用いてブレンドする紅茶もさることながら、新鮮なフルーツを独自の方法で乾燥させ、厳しいテイスティングを繰り返してつくるフルーツティーには定評があります。

フルーツガーデン

リンゴのスライス、オレンジの皮、ハイビスカスやひまわりの花をブレンドしたフルーツティー。
●原産地／ドイツ
●飲み方／ストレートティー

セイロンティーバッグ

厳選したセイロン紅茶をティーバッグにした、味わい豊かなふだん使いの紅茶。
●原産地／スリランカ●飲み方／ミルクティー、ストレート

問：㈱グッドリブ

CHA NO YU
茶の愉

世界中から取り寄せた茶葉で
あなただけのオリジナルブレンドを
オーダーできる。

お客様をおもてなしする茶の湯の精神を大切に、さらにお茶を日常的に愉しんでいただこうとの思いから、茶葉専門企業アミティエが立ち上げたブランドです。経験豊かなティーテイスターが世界中から選んだ120種の茶葉を販売しています。また、ブレンダーがお客さまのオーダーにあわせてブレンドする、世界にたったひとつしかないオーダーメイドティーのサービスも話題になっています。

ソレイユ

南国の香り漂い、ローズヒップとマローブルーの花びらが華やかなオリジナルブレンド。
●原産地／スリランカ●等級／BOP1●飲み方／ストレートティー、アイスティー

20種アソートセット ティーバッグ

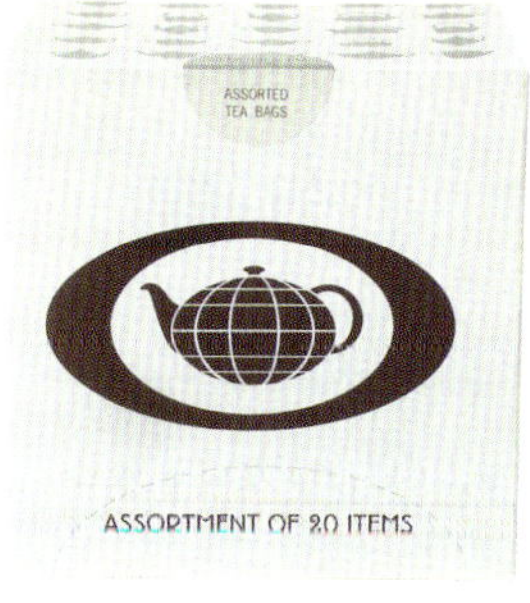

人気の茶葉20種類のセット。茶葉が開きやすく風味を損なわないメッシュ素材のティーバッグ。
●原産地／インド
●等級／FOPほか
●飲み方／ストレートティーほか

問：茶の愉

ITOEN TEA GARDEN
伊藤園ティーガーデン

約130種の茶葉の中から、アドバイスを得て好みを見つけ、気軽に購入できるショップ。

緑茶で知られる伊藤園が2001年にオープンした紅茶や中国茶も販売するワールドティーショップ。世界中から集めた130種の茶葉を味や香りなどの特徴別に細かく分類しているため、茶葉に詳しくない人でも好みの香りや味を述べると、リクエストにこたえた種類が紹介されます。また、10グラム単位から量り売りしてくれるので、いろんな茶葉にチャレンジできるのも楽しいところ。

クオリティシーズンティー

茶園のクオリティシーズンの茶葉のみを選定。旬の美味しさをたっぷり味わえる。
●原産地／インド、シーズンによって茶園は異なる●等級／FOP●飲み方／ストレートティー、ミルクティー

ミックスドベリーティー

3種類のフリーズドライ果実をブレンド。甘酸っぱい香りと実を味わうことができる。
●原産地／セイロン●等級／BOP●飲み方／ストレートティー、ミルクティー

問：㈱伊藤園

Teej
ティージュ

年3回のクオリティーシーズンにこだわり、旬の新鮮な茶葉の味わいに定評がある。

「多くの人に本当の紅茶のおいしさを知ってほしい」という願いをこめて、1985年に森 國安《くにやす》氏が設立しました。この理念の元、原産地から直輸入しています。なかでも定評があるのは一流茶園から春・夏・秋のベストクオリティーシーズンに摘み取られるダージリンとアッサムです。独自に開発したフレーバーティーやリキッドティーも好評で、全国のカフェやレストランで幅広く用いられています。

ダージリンティー

年3回のクオリティーシーズンにのみ飲める紅茶。その年、季節、茶園の味を楽しめる。
●原産地／インド●等級／FTGFOP1●飲み方／ストレートティー

アッサムティー

年3回のクオリティーシーズンの新芽の多い、丸い粒状のCTCという茶葉を使用。
●原産地／インド●等級／BPS●飲み方／ミルクティー

問：㈱ティージュ

Tea Boutique
ティーブティック

現在世界中の茶葉とハーブ、スパイスの集積地になっているドイツで、ティーブティックは120年以上の歴史を誇る老舗です。かつては世界中から取り寄せたお茶やハーブ、スパイスなどを扱って、社交界で活躍する上流社会の人々を魅了し、今ではヨーロッパ有数の紅茶総合商社として高品質で洗練された逸品を提供し続けています。シンボルマークの天秤は紅茶やハーブを量り売りしていた時代の名残りで、老舗のプライドが感じられます。

世界中の茶葉とハーブ、スパイスの集積地ドイツの社交界で愛された歴史と伝統が息づく。

レッドアップルティー

高級セイロン紅茶にドイツ北部で収穫された赤いリンゴのピールをブレンド。甘い香りが秀逸。
●原産地／スリランカ●等級／OP●飲み方／ストレートティー、ペパーミントティー

ペパーミントティー

高級セイロン紅茶にドイツのペパーミントをブレンド。洗練された爽快な香りが身上。
●原産地／スリランカ●等級／OP●飲み方／ストレートティー

問：日本緑茶センター㈱

Taylors of Harrogate
テイラーズオブハロゲイト

1886年の設立以来工場のある英国ヨークシャー州・ハロゲイト市の軟水にこだわり、紅茶をより美味しく飲める水の研究を続けています。日本も軟水であるため相性は抜群で、奥深くすっきりした味わいも評価され、大手ホテルや有名レストランが採用しているほど。また、ハロゲイト市などにもっている6軒のティールーム「ベティズ」では格調高いサービスが受けられます。英国紅茶協会の「トップティ プレイス オブ ザ イヤー」も受賞。

紅茶をよりおいしくする水にこだわって生まれた奥行きのある深い味わいが愛好家に好評。

ヨークシャーゴールド

20カ所の農園の選りすぐりの茶葉をブレンドしたテイラーズを代表する紅茶。味と香りのバランスが最高。
●原産地／インド・スリランカ、ケニアなど25カ所の農園●等級／BP、BOP、PF の 混合●飲み方／ストレートティー、ミルクティー、アイスティー

ブルーサファイア

農園の近くでサファイアがとれるところからついた名前。湯を注ぐと優雅な花の香りがたつ。
●原産地／スリランカ●等級／FTOP●飲み方／ストレートティー

問：㈱TRC JAPAN

Tetley
テトレー

英国人好みのブレンドを受け継ぎ、
今もなお
英国で一番よく飲まれている紅茶。

約150年前の1837年に、テトレー家のジョセフとエドワード兄弟によって英国ヨークシャーで創業。ティーバッグを初めて紹介したことでも知られています。以来、伝統を受け継いだブレンダーが英国人の好きな香りと味を守り続け、今では英国で一番よく飲まれているメーカーです。それぞれの紅茶ごとにシチュエーションのちがうイラストが描かれたパッケージは、英国人の紅茶の楽しみ方を教えてくれます。

ロイヤルロンドン

英国人好みの味と香りに仕上げた、英国紅茶の原点ともいえるブレンドティー。
●原産地／インド●等級／BOP●飲み方／ミルクティー

ダージリン

マスカットフレーバーのエレガントで繊細な香りが紅茶のシャンパンとも呼ばれるゆえん。
●原産地／インド●等級／OP●飲み方／ストレートティー

問：㈱センチュリートレーディングカンパニー

Dimbula
ディンブラ

リプトン語録の
「茶園から直接ティーポットへ」を
実現すべく、紅茶の新茶を提供する。

ディンブラとは、スリランカ南西部の高山地帯の紅茶の名産地。美しい水色と、バラなどの甘い花の香りの紅茶がとれることで知られています。創業者で紅茶研究家の磯淵《いそぶち》 猛《たけし》氏は、トーマス・リプトンの言葉を受け継いで、紅茶の新茶の美味しさを楽しんでもらうべく、茶葉を年に3回の旬の時期に農園から直接仕入れ、自らセレクションして提供し続けてきました。新鮮な香りと味わいは旬ならではの喜びをもたらしてくれます。

ウバ

世界三大銘茶のひとつであるウバプロバンスで収穫。新茶の時期は格別の味わい。
●原産地／スリランカ●等級／BOP●飲み方／ミルクティー

キャンディ

最初にアッサム種がもち込まれた地の名前をとってネーミングされたもの。透明感ある深い赤色が美しい。
●原産地／スリランカ●等級／BOP●飲み方／アイスティー

問：紅茶専門店ディンブラ

Twinings
トワイニング

新しいブレンドを作り続けて感動を与える、英国紅茶発展の歴史とともに歩む老舗中の老舗。

英国で紅茶を飲む習慣が広まるおよそ10年前の1706年に誕生した、イギリスで最も古い300年の歴史をもつ老舗中の老舗です。ヴィクトリア女王に献上したのをきっかけに、エドワード7世、ジョージ5世、現在のエリザベス女王などから王室御用達の栄誉も賜り、それとともに紅茶の品質にもさらに磨きがかかりました。店は開業当時と同じ場所で直系の子孫に引き継がれ、今なお新しいブレンドにチャレンジし続けています。

クオリティ レディ グレイ

アールグレイにオレンジ、レモンの果皮と青い矢車菊を加えたオリジナル。華やかで上品、爽やかな味わい。
●原産地／中国●等級／OP●飲み方／ストレートティー、アイスティー

クオリティ ビンテージ ダージリン

茶園と収穫時期にこだわり、さらに手摘みされた特別なダージリン。格調高い香りと上品な渋みが際立つ。
●原産地／インド●等級／OP●飲み方／ストレートティー

問：片岡物産(株)

Nittoh
日東紅茶

日本人の好みや風土を知り尽くし、日本人がブレンドした日本人のための紅茶。

1927年に国産初の缶入り紅茶を発売した三井農林は、スリランカやインド、インドネシア、ケニアなどから輸入した原茶をティーテイスターがブレンドし、日本人好みの味、風土に見合った紅茶を開発しています。お馴染みの「日東紅茶」ブランド商品のほかに、ネット限定販売で「日東紅茶クラシック」を展開しています。

デイリークラブティーバッグ

香り高いスリランカ産とこくのあるアッサム産をブレンドした、毎日飲んでも飽きない紅茶。
●原産地／スリランカ、インドほか●等級／BOPF、CTC●飲み方／ストレートティー、ミルクティー

クラシックブレンド

花のような甘い香りと柔らかな味わいが絶妙の、常に手元に置きたい紅茶。
●原産地／インド、スリランカ●等級／BOP●飲み方／ストレートティー、ミルクティー

問：三井農林(株)

Harrods
ハロッズ

伝統的な英国ブレンドに
プライドを見せる
名門百貨店の高級紅茶。

1849年に紅茶商人チャールズ・ヘンリー・ハロッズが開いた小さな食料品店で販売していた紅茶は、当時はまだ上流階級だけのものでした。徐々に庶民の間に広まると同時に、店はいつしか世界のグルメを集める殿堂として発展を遂げました。当時「魔法のようにおいしい」と噂された紅茶は、今もティーバイヤーの厳しい目で世界の一流茶園から選ばれています。

ビルディングキャディ アフタヌーン

ダージリンとアッサムのブレンド。レモンのようなさわやかな香りとマイルドな飲み口。
●原産地／インド●等級／BOPブレンド●飲み方／ストレートティー

ブレンド No.14

ほどよい渋みとこくがあり、しかもくせがなく飽きのこない、ハロッズのベストセラー。
●原産地／インド、スリランカ、ケニア●等級／OP、BOP＋CTCブレンド●飲み方／ミルクティー

問：㈱二幸

The East India Company
東インド会社

紅茶元年ともいうべき
17世紀の伝統的なブレンドを再現する
由緒正しいブランド。

1600年にエリザベス一世の勅命によって設立され、英国に初めて紅茶を持ち込んだ由緒正しいブランドです。その規模と経済力は当時世界を席巻しました。会社は後に国営化され、1876年に解散、1978年に現在の東インド会社が経営権とともに紋章やトレードマークを受け継ぎました。17世紀に飲まれていた伝統的なブレンドの紅茶を飲むと、当時の英国の植民地での華やかなイメージがたちのぼってきそうです。

アールグレイ

オレンジの花から抽出したネロリオイルとベルガモットをブレンドした魅惑的な香りの紅茶。
●原産地／中国●等級／OP●飲み方／ミルクティー、アイスティー

ダージリン ティーバッグ

ヒマラヤ山麓で栽培された茶葉。独自のブレンドから生まれる、ムスカテール（白ワイン）の香りが魅力的。
●原産地／インド●等級／BOP●飲み方／ストレートティー

問：㈱明治屋

FAUCHON
フォション

「美味しいものならフォション」の
評判を裏切らない、
こだわりの最高級紅茶を提供する。

1886年にマドレーヌ広場にオープンした小さな食料品店は、創業時から独創性に優れ、世界中から厳選した旬の素材を最高の技術で加工・生産という姿勢を貫いてきました。今ではパリが誇る高級食料品店フォションの名前を知らないグルメはいないでしょう。もちろん、茶園の状況、茶葉を育てる気象条件まで考慮して厳選した紅茶のクオリティの高さは折り紙つき。定番のアップルティーを初めとするフレーバーティーも人気を博しています。

アップル

こくのあるセイロン茶にレーヌ・ド・レネット種のリンゴの香りを加えた代表的フレーバーティー。
●原産地／スリランカ●等級／ファニングス●飲み方／ストレートティー

ダージリン

高貴な香り、こくと深みのある味わいで、世界三大銘茶のひとつといわれる自慢の紅茶。
●原産地／インド●等級／FOP●飲み方／ストレートティー

問：㈱グッドリブ

FORTNUM & MASON
フォートナム・アンド・メイソン

約300年にわたって英国王室に
信頼されてきた食品店の職人気質が
作り出す「味と香りの芸術品」。

1707年、アン女王に仕えていたウィリアム・フォートナムと友人のヒュー・メイソンが、ピカデリーに開いたグロサリーショップが始まりです。最初に専門的に取り扱ったのが紅茶でした。生産地の吟味から、収穫時期、経験によって得られた茶葉本来の持ち味を徹底的に引き出すノウハウを駆使して生まれる紅茶は「味と香りの芸術品」とまで称賛され、上流階級の人々の信頼を勝ち得ました。中でも英国伝統のブレンドの紅茶の美味しさは秀逸です。

ロイヤルブレンド

1902年にエドワード7世の即位を祝ってブレンドされた。こくとハチミツのような香りが特徴。
●原産地／インド、スリランカ●等級／BOP●飲み方／ストレートティー、ミルクティー

クイーン・アン

創業200周年記念に、創業当時の国王アン女王の名を冠してブレンドされた。優雅な香りが特徴。
●原産地／インド・スリランカ●等級／OP●飲み方／ミルクティー

問：フォートナム・アンド・メイソン

Premier's Tea
プリミアスティー

インド国内紅茶メーカーとしては
初のISO9002を取得。
味・香り・安全性は三位一体。

機械や重工業用部品の輸出入を生業にしていたプリミアグループ会長ハシモク・A・シャー氏が「インド紅茶のすばらしさを知ってほしい」と1986年に設立。機械作業と手作業を使い分けながら、全工程をインド政府公認のティーテイスターが味と香りを徹底的に管理しています。味や香りへのこだわりもさることながら、インド国内紅茶メーカーとしては初の品質保証の国際規格ISO9002を取得。安全性への配慮も徹底しています。

オリジナルキャディーダージリン

インド政府紅茶局認定100%茶葉のみ使用。芳香とさわやかな味わいがもち味。
●原産地／インド
●等級／FTGFOP1
●飲み方／ストレートティー

オリジナルキャディーアッサム

インド政府紅茶局認定100%茶葉のみ使用。深みと甘みのバランスがよく飲みやすい。
●原産地／インド
●等級／TGFOP1
●飲み方／ストレートティー、ミルクティー

問：㈱プリミアスティー ジャパン

Brooke Bond
ブルックボンド

紅茶の品質を均質化、
価格を安定させた紅茶界の革命児。
世界中で愛される紅茶づくりを行う。

1869年に英国マンチェスターで創業。当時はまだ価格も品質もまちまちだった紅茶を、ブレンドすることで均一化することに成功。品質の安定したブレンドを開発し、正確に計量して値段をつけたパケットティーを販売して人気となりました。その後、産地にも進出して世界中にその価値を広めていきました。手頃な価格とあいまって、世界中から愛されている紅茶です。

ブルックボンド ティーテイスターズブレンド セイロン

日本人好みに仕上げた、華やかな香りとこくのバランスが絶妙。
●原産地／スリランカ●飲み方／ストレートティー、ミルクティー、レモンティー

ブルックボンド ティーテイスターズブレンド ダージリン

すがすがしく繊細なダージリン特有の香味を実感できる逸品。
●原産地／インド
●飲み方／ストレートティー

問：ユニリーバ・ジャパン・ビバレッジ㈱

Mayoor Tea
マユールティー

インド人ティーテイスターが厳選する、紅茶の本場インドへの郷愁を誘われる紅茶。

創業は1985年。創業者ビカッシュ・バニック氏の出身国であるインドの国鳥・孔雀（ヒンドゥー語でマユール）をブランド名にしています。こうした、出身国に対する思い入れは、創業以来、紅茶の本場インドのティーテイスターが厳選した紅茶を用いていることでもわかります。ハーブやスパイスも取り扱っており、カフェやレストラン、紅茶専門店などのオリジナル商品や紅茶メニューの開発も手がけています。

ベリーバスケット

ブルーベリーやクランベリーなどのベリー類とハーブをブレンドした甘い香りの紅茶。
●原産地／インド、アメリカ●等級／FBOP ●飲み方／ストレートティー、ミルクティー

マサラチャイ

新鮮な４種類のスパイスをブレンドした、身体を丈夫にしてくれるインド伝統の紅茶。
●原産地／インド●等級／ CTC ●飲み方／煮出しミルクティー

問：㈱マユールジャパン

Mariage Freres
マリアージュ フレール

品数豊富、珍しい紅茶も取り揃えたフランスのエスプリ漂う紅茶専門店。

17世紀にルイ王朝の使節の一員として東洋におもむき、フランス交易の途を開いたマリアージュ家が、1854年にフランス最初のお茶の貿易会社として開業したお店です。その伝統を受け継いで、高品質のダージリンはもちろんビルマやタイなどの珍しいお茶も含めて、世界35カ国から取り寄せた茶葉の種類は約500種以上。フレーバーティーだけでも150種以上。お茶は魂の飲み物と位置づけ、現在はフランス流紅茶芸術として、洗練された茶器やお茶を使った料理にも発展しています。

マルコ ポーロ

中国とチベットの花と果実が甘くエキゾチックな香りを漂わせる紅茶。計算し尽くされた香り。
●原産地／中国●飲み方／ストレートティー、ミルクティー

アールグレイ フレンチブルー

なめらかな味わいに繊細なベルガモットの香りと青いブルーエの香りが溶けあう、フレンチタッチの紅茶。
●原産地／中国●飲み方／ストレートティー

問：マリアージュ フレール 銀座本店

MUSICA TEA
ムジカティー

日本人の舌を満足させる
日本人好みの紅茶を追求してきた
純日本ブランド。

紅茶の輸入が自由化し、イギリスブランドの有名紅茶が日本に続々と上陸していた1952年、大阪堂島でティーハウス　ムジカがオープンしました。ムジカティーは、このティーハウス経営の経験を生かして、日本人の繊細な舌や水にあう紅茶を茶園から直接買いつけている純日本ブランド。紅茶愛好家だけでなく、各家庭で日常的に手軽に飲める紅茶をめざし、また詰め替え用アルミパケットを作るなど資源の無駄遣いにも配慮しています。

堂島ブレックファスト

水色は濃く、味わいも濃厚。ふだん使いの紅茶としてミルクティーで。
●原産地／インド●形状／BOP●飲み方／ミルクティーまたはストレートティー

モーニング ブリーズ

香りが高く、明るい水色とすっきりした味わいいが特徴。朝の目覚めの一杯に最適。
●原産地／スリランカ●形状／BOP●飲み方／ストレートティーまたはミルクティー

問：㈲ムジカティー

Melrose's Tea
メルローズ

天才的ティーテイスターが加わって
いっそう輝いた味と香りが
今も息づく。

1812年、弱冠22歳のアンドリュー・メルローズ氏が英国・エディンバラにオープンした紅茶専門店です。当初は東インド会社を通じて茶葉を輸入していましたが、34年、紅茶の輸入自由化が始まると同時に、ティークリッパーと呼ばれる快速艇をチャーターして中国から新鮮な茶葉を輸入。さらに19世紀半ば、天才的なティーテイスター、メルローズ社の二代目ジョン・マクミランが登場し、香りと味が一気に向上しました。この伝統が今も息づいています。

スペシャルアッサム

クオリティーシーズンに摘まれた茶葉を使用。濃い水色と豊かな渋みが特徴。
●原産地／インド●等級／TGFOP●飲み方／ストレートティー、ミルクティー

スペシャルダージリン

紅茶のシャンパンとも呼ばれるダージリンの豊かでふくらみのある風味が特徴。
●原産地／インド●等級／TGFOP●飲み方／ストレートティー

問：キャピタル㈱

Leafull
リーフル

ダージリン有数の名園と信頼関係を築き、
最高茶葉を提供して
紅茶愛好家に人気。

1988年、茶園や季節によって味も香りも異なる茶葉に魅せられた山田 栄《さかえ》氏によって創業。それ以来、毎年インド・ネパールなど原産国の茶園を訪れて、マネージャーや農園の人々と、紅茶栽培に関するディスカッションや厳密なテイスティングを重ねて、最高品質の紅茶を輸入してきました。2003年4月にはネパール・イラーム地方に現地の茶農家とグランセ農園、リーフルの共同出資で工場設立など、茶栽培にも情熱を注いでいます。

ダージリン／サングマ農園ヤマダバリ「シルキームーン」

夜明け前、月明かりの中でていねいに摘み取られた茶葉を使用。味、香り水色ともに端麗。●原産地／インド●等級／YMFTGFOP1●飲み方／ストレートティー

シャングリラ／マイ・イラーム・グランセ農園「MIG-I」

茶葉栽培では最も標高の高い2000mのイラーム地方で収穫された繊細で花の香り漂う稀少なお茶。●原産地／ネパール●等級／SFTGFOP1●飲み方／ストレートティー

問：リーフルダージリンハウス

Lipton
リプトン

「茶園から直接ティーポットへ」を
合い言葉に紅茶を世界中に普及。
今も根強いファンを獲得している。

スコットランドのグラスゴーで食料品店を経営していたトーマス・リプトンが紅茶を販売し始めたのは1889年。翌年にはセイロンに進出し茶園経営に乗り出しました。優秀なティーブレンダーを雇い、水にあわせたブレンドを開発して品質を安定させたことが、紅茶を世界に普及させるきっかけになりました。日本には約100年前、初めて届いた外国製のブランド紅茶でした。黄色いパッケージは今や紅茶の代名詞。150カ国以上の国で飲まれています。

エクストラクオリティ セイロン

「青缶」の愛称で、古くから根強いファンをもつ。花のような香りと明るく澄んだ水色が特徴。●原産地／スリランカ●飲み方／ストレートティー、ミルクティー、レモンティー

イエローラベル ティーバッグ

紅茶の代名詞、リプトンの代表的製品。どんな飲み方でも万人に愛されているおいしい紅茶。●原産地／ケニア、スリランカ他●飲み方／ストレートティー、ミルクティー、レモンティー

問：ユニリーバ・ジャパン・ビバレッジ(株)

Le Palais des Thes
ル・パレデテ

紅茶の専門家と愛好家が集まってつくった、
新しい感性とこだわりの
紅茶専門店。

パリ左岸・モンパルナス。多くの芸術家たちが集まったこの街に、「もっと美味しい紅茶を飲みたい」と集まった50人の紅茶の専門家と愛好家たちによってル・パレデテはスタートしました。季節ごとに世界の茶の産地に出かけてはテイスティングを行い、選りすぐりのお茶を販売しています。その数およそ170種。とりわけ、花や果実の香りを加えるフレーバーティーは充実。紅茶と緑茶のミックスなど斬新なブレンドも行い、紅茶界の新しい勢力になりつつあります。

テミ

ダージリンに隣接するシッキムの茶園「テミ」の名前を冠した紅茶。繊細で力強く豊潤な花の香りが特徴。
●原産地／インド
●等級／ TGFOP
●飲み方／ストレートティー

ブルー・オブ・ロンドン

良質の雲南紅茶をベースに、ベルガモットを加えたアールグレイ。湯を注ぐと矢車菊と葵の青い花びらが開く。
●原産地／中国●飲み方／ストレートティー

問：ル・パレデテ

LUPICIA
世界のお茶専門店 ルピシア

ヨーロッパの紅茶の伝統と
東洋の茶の伝統を融合させて作り上げた
斬新な味わいを提供する。

紅茶をはじめ、緑茶、烏龍茶など世界中のお茶が揃う日本のブランドです。紅茶専門店「レピシエ」と東洋のお茶専門店「緑碧茶園」が05年9月に統合して誕生しました。各産地やシーズンごとの旬のお茶はもちろん、オリジナルのブレンドティーやフレーバードティーなど、年間およそ400種類のお茶を販売しています。季節限定のフレーバードティーをはじめ、烏龍茶に桃の香りをつけるなど、先進的な取り組みも行っています。

ダージリン・ザ ファーストフラッシュ

ダージリンの春摘み茶葉だけをブレンド。若々しいフレッシュな香りとさわやかな味わい。
●原産地／インド
●等級／FTGFOP1
●飲み方／ストレートティー

サクランボ

さまざまな産地の茶葉をブレンド。サクランボの甘ずっぱい香りにピンクペッパーとローズマリーのトッピングで果実をイメージ。
●飲み方／ストレートティー、アイスティー

問：㈱ルピシア

1775年、デンマーク王室での使用、他国への贈答品としての食器や工芸品を製造する目的で創設されたのがロイヤルコペンハーゲンポーセリン（王立デンマーク磁器製造所)。その後、「最高級の食器を満たすもの」との理念でロイヤルコペンハーゲンティー＆グルメを発売。紅茶もまた、この気品あふれる優雅な食器にふさわしい品格と味わい、香りがなくてはなりません。そうして選ばれる茶葉はもちろん最高級品。優雅な逸品ぞろいです。

ROYAL COPENHAGEN TEA
ロイヤル コペンハーゲン ティー

最高級の食器を満たすにふさわしい、ハイクォリティーの紅茶。

ダージリン

上質なダージリンのみ使用した高級紅茶。優雅なマスカットフレーバーの香りはまさに紅茶の王様。

●原産地／インド
●等級／ FTGFOP1
●飲み方／ストレートティー

問：㈱ロイヤル スカンジナビア モダーン

1815年に陶磁器メーカーとして創業し、1901年にエドワード7世から最初の英国王室御用達商に任命されて以来ロイヤルの名を冠することを許されました。紅茶の販売は1992年から。英国を代表するボーンチャイナにふさわしい本格的な紅茶というコンセプトで誕生しました。「自分自身を見つめ直す静かな時間をお届けしたい」との願いを込めて販売されている紅茶は、忙しい日々の生活の中のゆとりの時間を演出してくれます。

ROYAL DOULTON
ロイヤルドルトン

英国を代表するボーンチャイナメーカーが届ける「自分を見つめなおす時間のため」の紅茶。

ダージリン

ファーストフラッシュのさわやかな香りを生かし、さっぱりした味わいに仕上げた紅茶。

●原産地／インド
●等級／ OP
●飲み方／ストレートティー

イングリッシュ ブレックファスト

アッサムのこくとセイロンの軽やかな香りが、朝の目覚めの一杯にぴったりの紅茶。

●原産地／インド、スリランカ、ケニア
●等級／ BOP
●飲み方／ストレートティー、ミルクティー、レモンティー

問：共栄製茶㈱

LAWLEYS TEA
ロウレイズティー

「ゆとりのあるティータイム」を
楽しむための日本人好みの紅茶や
ティーウェアが好評。

イギリスで出会った本場のティータイムを日本でも広めたいと、1988年に谷口安《やす》宏《ひろ》氏が設立したブランドです。原産地から茶葉を直輸入し、日本人テイスターが日本の水にあう、また日本人の好むように行うブレンドティーは好評をもって迎えられました。バラエティーに富んだシリーズと、ティータイムを彩るティーウェアやティーグッズ、菓子類、さらには英国風のかわいいパッケージも人気があります。

ハンプトンコートティー　ダージリン

さわやかなマスカットフレーバー、軽い渋みのある切れのいい飲み口が特徴。
●原産地／インド ●等級／FOP ●飲み方／ストレートティー

ウェルカムティー　アッサム

渋みが少なく、こくのあるアッサムで柔らかな香りがミルクティーにぴったり。
●原産地／インド ●等級／FOP ●飲み方／ミルクティー

問：ロウレイズティーショップ

Ronnefeldt
ロンネフェルト

王族が訪れる
超高級ホテルで用いられている、
時間と手間をたっぷりかけたドイツの紅茶。

1823年に、Johann Tobias Ronnefeldt氏がドイツ・フランクフルトで創業したティーハウスが始まりです。「フランクフルトはヨーロッパの中心、国際貿易に適している」と考えた創業者の読みはあたり、伝統的なブレンドはもとよりウイスキーのアロマを加えたものなど個性的な紅茶を作り出す独自のブランドの名前はヨーロッパからロシアまでとどろきました。今や世界唯一の七つ星ホテルにも使用されるほど世界に認められています。

アイリッシュモルト

アッサムにアイリッシュウイスキーのアロマとカカオをブレンド。ロンネフェルトの一番人気商品。
●原産地／インド ●等級／OP ●飲み方／ミルクティー

ティーキャディー　ユングパーナ

ロンネフェルトの特許商品。ダージリンの中でも上質の夏摘み茶が入って複雑な味わい。
●原産地／インド ●等級／TGFOP ●飲み方／ストレートティー、ミルクティー

問：ロンネフェルトティーブティック

ホテルやレストランのオリジナルティー

著名なホテルやレストランの多くが、本章で紹介したような有名紅茶ブランドと提携して、喫茶の充実を図っています。

利用者としても、慣れ親しんだ風味の紅茶を、プロのサービスと、おいしい料理やデザートと共に楽しめるわけですから、家庭で飲むのとは違った満足を得ることができるわけです。

また、もう一方の楽しみとして、ホテルやレストランのオリジナルブレンドティーを外すことはできません。これには、大きく分けて二つの流れがあります。

ひとつは、メーカーやブレンダーの名前を出したコラボレーションブレンド。ホテルやレストランのコンセプトに添った風味で、紅茶ブランドの個性も楽しめ、しかもたいていが専売商品なので、メーカーの定番外アイテムを飲む楽しみにもつながります。

もうひとつは、メーカーやブレンダーの存在を明らかにしないオリジナルブレンド。ホテルやレストランのブランド力だけで提供・販売されます。流通よりも、限定性を重視することが多いので、知る人ぞ知るブレンドティーとして、固定ファンがついているケースがほとんどです。

近年は、インターネットなどでこういった情報が意外と広まっており、ホテルやレストラン側でも、折角の機会を活かして通信販売などの対応をすることが増えているようです。

また、コラボレーションブレンドやオリジナルブレンドは、季節限定の賞味会など、イベントの際にブレンダーやシェフ、あるいは紅茶に詳しい担当ソムリエによって、普段とは違ったアレンジティーにして提供されることもありますから、これも紅茶ファンやグルメには堪らない機会です。

まずは偵察を兼ねて、少しおめかしをして、ホテルのティーサロンでアフタヌーンティーや、レストランのカフェタイムに足を運んでみてはいかがでしょうか?

第一ホテル東京のアフタヌーンティー

第8章

おしゃれなティーアクセサリーカタログ

紅茶の時間をもっと楽しく幸せにしてくれるティーアクセサリーたち。
おいしい茶葉と同じように、お気に入りのものを選びたいものです。

Tea Cup & Saucer Collection
ティーカップ＆ソーサー コレクション

好みの茶葉を選んでおいしく淹れることはもちろん、さらに楽しいティータイムを楽しむためにティーカップやティーアクセサリーを揃えることも大切な要素です。使い勝手がよく、紅茶をよりおいしくいただくための器を選んでみました。

水色の美しさと香り立ちを楽しむなら、内側が白くて広口のもので、底の浅いものを。紅茶用のカップは内側に紋様があっても底を白く見せる工夫がされている。

重要なポイントになる把手部分は、指が入りやすく、しっかりと持てるようなものを選ぶ。

飲み口が薄手のもので、ごくわずかでもフチが外側に反っているものを。アレンジメントティーの場合は、こだわらずに好みのデザインのもので雰囲気を楽しむべき。

●ブルーフラワーカーブ ライト
ティーカップ＆ソーサー／ロイヤルコペンハーゲン／問：ロイヤル コペンハーゲン 本店

●グランデューカ
ティーカップ＆ソーサー／リチャードジノリ／問：リチャード ジノリ ジャパン(株)

●プシュケ
ティーカップ＆ソーサー／ウェッジウッド／問：ウォーターフォード・ウェッジウッド・ジャパン(株)

●ウィンナーローズ
ティーカップ＆ソーサー／アウガルテン／問：アウガルテン ジャパン(株)

●センテニアルローズ
ティーカップ＆ソーサー／ロイヤルドルトン／問：ロイヤルドルトン ジャパン(株)

●マジェスティック ハドンホール
ティーカップ＆ソーサー／ミントン／問：ロイヤルドルトン ジャパン(株)

●フェイザンブルー
ティーカップ＆ソーサー／ミントン／問：ロイヤルドルトン ジャパン(株)

●ミルフルール
ティーカップ＆ソーサー／ジアン／
問：ジアン 青山本店

●アリス
ティーカップ＆ソーサー／ジアン／
問：ジアン 青山本店

●モーニング・グローリー
ティーカップ＆ソーサー／ヘレンド／
問：クラブヘレンドジャパン本店

●シャンパンパールズ
ティー・コーヒー碗皿／ノリタケ／
問：(株)ノリタケテーブルウェア

●カレス
ティーカップ＆ソーサー／ナルミ／
問：鳴海製陶(株)

●ブルーイタリアン
ティーカップ＆ソーサー／スポード／
問．(株)ブル－ル ム ジャパン

●インドの華
ティーセット／ヘレンド／問：クラブヘレンドジャパン本店

●グレース
ティーセット／ウェッジウッド／問：ウォーターフォード・ウェッジウッド・ジャパン(株)

●ブルーフルーテッド フルレース
ティーセット／ロイヤルコペンハーゲン／問：ロイヤル コペンハーゲン本店

Tea Pot Collection
ティーポット コレクション

茶葉の個性や香りを引き出し、紅茶をおいしく淹れるために重要なティーポット。テーブルを楽しい雰囲気にコーディネートする役目もあります。使用頻度が高いので、使いやすい気に入ったものを選びましょう。

注ぎ口は、カップに注ぎやすい位置にあり、紅茶の出方がスムースで湯だれのしないキレのよいもので、最後の一滴まできれいに注げるものを入手したいもの。

茶殻止めのついているものとついていないものがありますが、茶葉の形状によって使い分けて、洗いやすいものを。

ポットの蓋は、注いだときに安定感のあるしっかりとすわりのよいもので、内側にストッパーのついているものを。

把手は指が入りやすくて、持ったときバランスがよくしっかり持てるもの、熱くなっているポットの肌に触れないものを。

ポットのサイズもいろいろあるので、容量に合わせて2種類くらいあると便利です。1～2カップ分しか淹れないときは、大きなポットを使用することは避けたいものです。

全体の形は、お湯を注いだときに茶葉をジャンピングさせやすく、茶葉の風味を引き出す丸形のものが理想的。陶器、磁器、耐熱ガラスなどがありますが、茶葉にあわせて2～3種類は用意したいもの。

（ティーハウス タカノ）

●ティーフォーワン

ティーポット／ムレスナティー／問：（株）フリートレーディングインターナショナル

●ユーランダー パウダールビー

ティーポット／ウェッジウッド／問：ウォーターフォード・ウェッジウッド・ジャパン（株）

●マリアージュ フレール アール デコ 1930
ティーポット／マリアージュ フレール ／問：マリアージュ フレール 銀座本店

●ジャンピングティーポット
ティーポット／ハリオ／問：ハリオグラス（株）

●トラップネルスプレイズ
ティーポット／スポード／問：（株）ブルールーム ジャパン

●ユージェニー
ティーポット／ベルナルド／問：ジーケージャパンエージェンシー（株）

●オリジナル有田焼
ティーポット／青山ティーファクトリー／問：青山ティーファクトリー

Tea Goods Collection
ティーグッズ コレクション

ティータイムをより楽しく演出するためにいろいろな紅茶用の道具があります。使いやすいものを選ぶのが基本ですが、初めから全部ではなくても、必要なものから一つひとつ揃えていくのもいいでしょう。

マグカップ

ティーバッグで直接淹れるにも、ほかのことをしながら手軽に飲むにも便利なマグカップ。デザインが豊富で、コレクションする楽しみもあります。

●エステールブルー マグカップ／フッチェンロイター／問：ウォーターフォード・ウエッジウッド・ジャパン(株)ローゼンタール・フッチェンロイター事業部

●オールド カントリー ローズ ペアマグ／ロイヤルアルバート／問：ロイヤルドルトン ジャパン(株)

●デザイン マグカップ／ダヌーン／問：キャピタル(株)

●ニューウェイブ カフェチョコレート ドロップス マグ／ビレロイ＆ボッホ／問：ビレロイ アンド ボッホ テーブルウェア ジャパン(株)

レモントレー&ティーバッグレスト

プチトレーは、レモン、ビスケット、角砂糖などをちょっと載せてお出しするのに便利。ミニトングやティーバッグトレイも使い道ある小物。

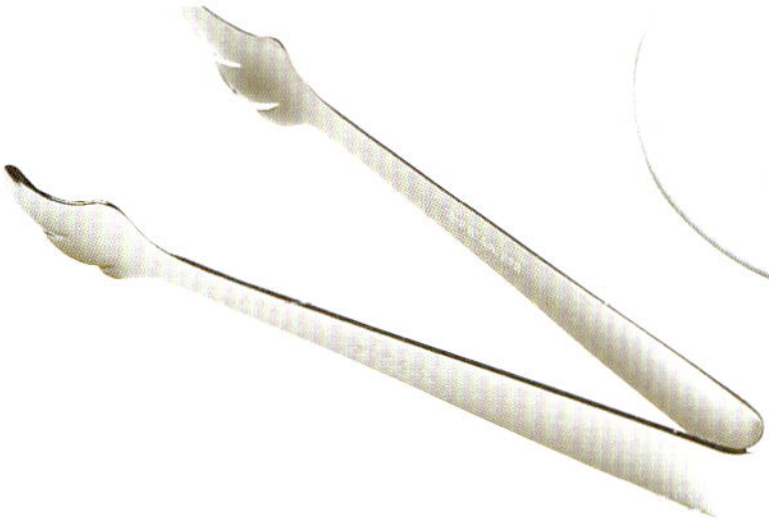

●トング（エンジェルシリーズ）／問：(株)陶和

●トレーソロ（ヌーベルエレガンス）／問：ニッコー(株)

●ティーバッグトレイ（ラベンダー）／問：(株)生活の木

クリーマー＆シュガー

クリーマーは、牛乳を入れてテーブルに置く大切な道具。ミルクピッチャー、ミルクジャクとも呼ばれます。一般にふたがついていません。

シュガーポットも、同じデザインで揃えておくとよいでしょう。グラニュー糖や角砂糖で、紅茶の風味を調整するのは上級の楽しみ方。ふたのないタイプはシュガーボウルと呼ばれます。

グラニュー糖にはシュガーレードル（スプーン)、角砂糖にはシュガートングを添えます。いずれも凝ったデザインの銀器が多く、アンティークも手軽に入手できるので、ぜひコレクションを。

●ベッキオホワイト／シュガー＆クリーマー、ティーポット／リチャード ジノリ／問：リチャード ジノリ ジャパン(株)

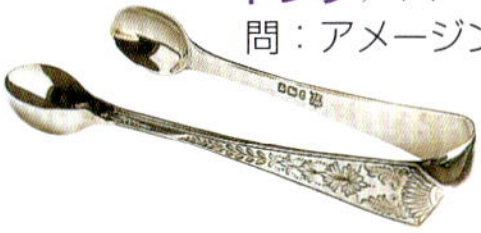

●アンティーク シュガートング／バーミンガム／問：アメージングティー

テイスティングカップ

本来はテイスターやブレンダーを使いますが、ちょっと味見をしたり、茶葉当てゲームなどに使うと楽しい道具。紅茶は比較試飲することが大切なので、複数個もっていたいもの。口の部分が茶こしになっている抽出用のふたつきカップと、鑑定用カップがセットになっています。

●テイスティングカップ／世界のお茶専門店 ルピシア／問：(株)ルピシア

ケーキスタンド

ホテルなどのアフタヌーンティーに欠かせないケーキスタンドは二段または三段が主流です。スコーンやケーキ、サンドウィッチを載せると華やかでボリュームも出て、楽しいティータイムになります。ティーセットのデザインにあったお皿を使いましょう。

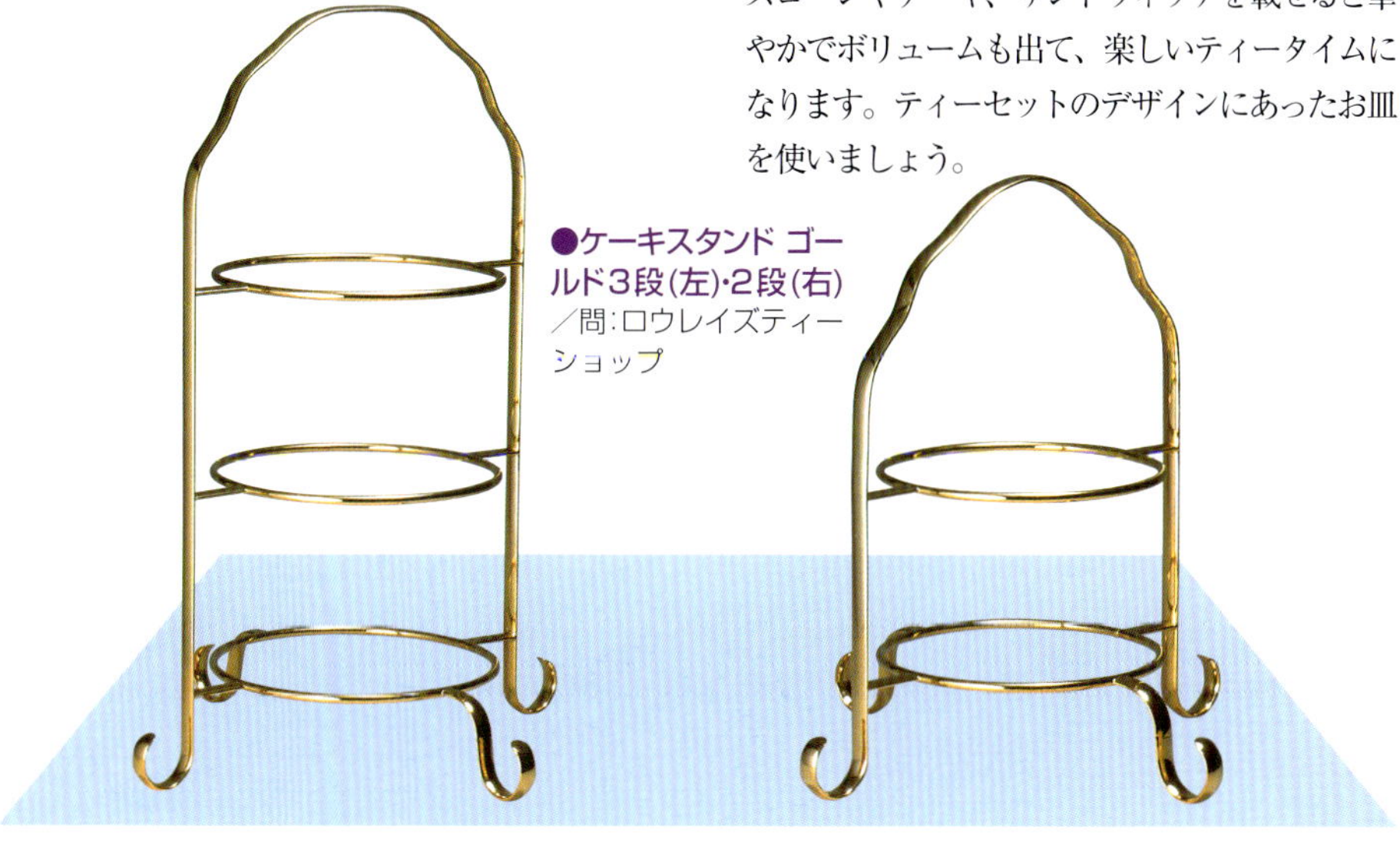

●ケーキスタンド ゴールド3段(左)・2段(右)／問:ロウレイズティーショップ

ストレーナー

茶殻をこすための道具です。さまざまな形がありますが、ポイントは、細かい茶殻が出る紅茶には細かい網目の茶こしを用意することです。ポツポツと少数の穴があいている茶こしはOPタイプの紅茶に使います。受け皿付きが便利。

●編目回転茶こし／アフタヌーンティールーム／問：(株)サザビーリーグ アフタヌーンティー リビング事業部

●編目手つき茶こし／アフタヌーンティールーム／問：(株)サザビーリーグ アフタヌーンティー リビング事業部

●サンデーガーデン ティーストレーナーセット／問：ロウレイズティーショップ

●ブリティッシュローズ ティーストレーナー／ロウレイズ／問：(株)ティープラン

ティーキャディー（茶葉の保存容器）

● オリジナルティーキャディー／世界のお茶専門店ルピシア／問：(株)ルピシア

キャディースプーン

茶葉の分量は、いつも同じスプーンを使って量ることが大切です。専用のスプーンを使って、上手なさじ加減を覚えましょう。

●ブリテッシュローズ ティーキャディースプーン／問：ロウレイズティーショップ

● ティーキャディースプーン ティーリーフ／問：ロウレイズティーショップ

●ラセールシルバーティーキャディー スプーン／問：ロウレイズティーショップ

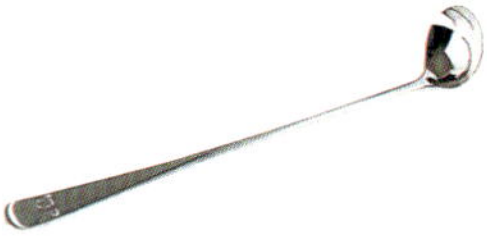

●ティーメジャー／ムジカティー／問：(有)ムジカティー

カトラリー

ティースプーンとは、本来コーヒースプーンよりひとまわり大きなものを指します。ティーナイフは、スコーンをいただく時に重宝です。

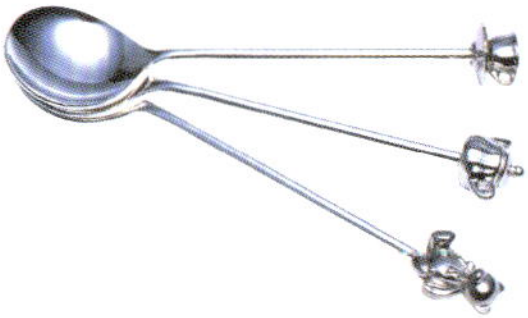

●ティースプーン…カップ(上)・ポット(中)・テディベア(下)／問：ロウレイズティーショップ

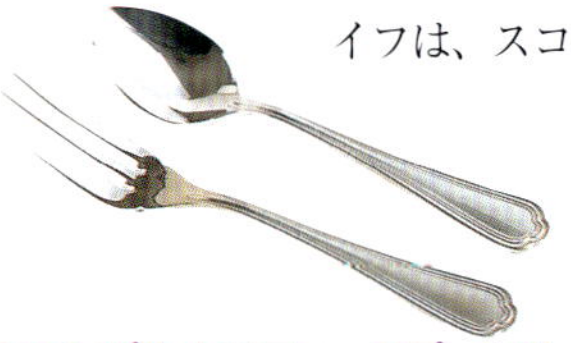

●モンパルナスティースプーン&ティーケーキフォーク／サックス／問：(株)サクライ

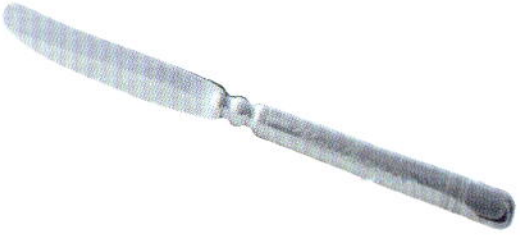

●ティーナイフ／カレルチャペック／問：カレルチャペック紅茶店

ティーコージー・リネン・トレイ

保温のためのポットカバーで、もちろん抽出時にも使えます。トラディショナルと呼ばれる上からかぶせるタイプは、底面から熱を逃がさないように、必ずポットマットとセットで使いましょう。オープントップ／マフコージーと呼ばれる下からくるむタイプは、ポットのサイズにあったものを。ティーコージーは構造が簡単なので、自分でつくるのも楽しいものです。ヨーロッパの製品には、ティーマット（ティータイムに使う、ランチョンマットより小さいテーブルマット）や、ティータオル（ふきんとして使うか、テーブルセンターやタペストリーにもなる麻布）も同柄で揃っているものが多く見られます。また、ティートレーも揃えておくと便利です。

●ワイルドフルーツ ティーコージー・ポットマット・ティータオル／マッコウアラン／問：(有)オックスフォードタイム

●マフコージー／アルスターウェーバー／問：八基通商(株)

●ティートレイ／ティートレイ／問：ロウレイズティーショップ

タイマー・スケール

おいしい紅茶の基本は、蒸らし時間と茶葉の量をきちんと守ることから始まります。加算と逆算ができる防水タイマーがおすすめですが、砂時計がさらさらと時を刻む姿も、紅茶によく似あいますから、ぜひ両方を使い分けてください。

●ポケッタブルスケール（ティーブレンダーも使用。0.1 g計量型 品番 1476）／タニタ／問：(株) タニタ

●サンドグラス５分（OPタイプに便利）／問：ロウレイズティーショップ

●砂時計３分計（砂鉄を使った精密砂時計）／SATO／問：(株)佐藤計量器製作所

●キッチンタイマー（見やすい大型表示・防水仕様 品番 TD-378）／タニタ／問：(株) タニタ

紅茶用語辞典

【あ】

アッサム（アソム）
インドの北東部にある州で、ブラマプトラ河流域の大平原に多数の紅茶茶園がある。世界最大規模の紅茶の産地。（58頁参照）

アフタヌーンティー
19世紀半ばのイギリスで確立された社交のための「午後のお茶会」。会話を重視し、軽食と紅茶をゆったり楽しむスタイルは、現代のホテルやレストランに受け継がれている。（38、99、108～113、120、130頁参照）

アールグレイ
中国紅茶をベースにしたブレンドにベルガモットの香りをつけた代表的なフレーバーティー。（71頁参照）

アールティーディー（RTD）
お茶の抽出液をペットボトルや飲料缶に入れて殺菌・加工し、そのまま飲めるような状態にした紅茶飲料のこと。（128頁参照）

ウバ（ウヴァ）
スリランカ中央山脈の高地で栽培されるハイグロウンティー（高地産茶）で、世界三大銘茶の一つ。（61頁参照）

エフ・ビー・オー・ピー（FBOP）
フラワリー・ブロークン・オレンジ・ペコーの略。FOPを細かくしたもの。BOPよりやや大きな芯芽を含んだ茶葉を指す場合もある。

オーガニックティー
有機栽培で生産される紅茶のこと。正味3年以上にわたり化学肥料や農薬を使わずに栽培され、国際的な認定基準を満たしている紅茶。

オーソドックス製法
代表的な紅茶の製造法で、CTC機などを使わないリーフタイプやブロークンタイプの紅茶がこの方法でつくられる。（52頁参照）

オータムナル
秋に摘まれる茶葉のことで、インドのダージリンが有名。ミルクティーにすると美しいクリームブラウンになる。（56頁参照）

オレンジ・ペコー（OP）
製茶の仕分け過程で揃えられた細長く大きい茶葉のこと。うぶ毛のついた新芽を指す。語と色のイメージから連想された名称で、オレンジの風味ではない。（50、71頁参照）

オリジンティー
生産（製茶・加工）された地域名や茶園の名前をつけて製品化された紅茶の呼び名。

【か】

カテキン類（ポリフェノール）
タンニンの一種で、茶葉特有の成分のこと。茶葉を発酵させる過程で酸化することで紅茶の香りや色をつくり出す。（133頁参照）

カフェイン
お茶やコーヒーに含まれるアルカロイドという物質のことで、覚醒効果や利尿作用がある。カップ一杯の抽出量はコーヒーの半分以下。（133頁参照）

キームン（キーマン、キーモン）
中国の安徽《あんき》省祁門《きーむん》市で生産される茶葉で、ランの花に似た香りは「紅茶のブルゴーニュ酒」としてヨーロッパで人気が高い。世界三大銘茶の一つ。（64頁参照）

キャディースプーン
茶葉の分量をはかる計量スプーンのことで、揃えたいティーアクセサリーの一つ。いろいろなデザインがあるので、自分が使いやすい

ものを。（168頁参照）

キャディーボックス
紅茶を保存・保管するための容器のこと。「ティーキャディー」「ティーキャニスター」とも呼ばれる。（168頁参照）

キャンディ
スリランカのキャンディ地方で生産される茶葉のこと。スリランカで初めて紅茶がつくられた地域でもある。（62頁参照）

クオリティーシーズン
農産物の旬のように、紅茶の香りや色、味が最も充実する時期のこと。（53頁参照）

クリーマー
紅茶用のミルクを入れるピッチャーやジャグのことで、陶器やガラス、金属製のものなどがある。（167頁参照）

クリームダウン
氷などで紅茶を冷やすと白く濁ること。カテキン類とカフェインが結合して結晶になって起こる現象。甘味を加えたり、少量の熱湯を加えることで軽減できる。

クリームティー
イギリスのティールームや一般的な家庭のティータイムメニューのことで、ミルクティーとスコーンのセット。店先で「Cream Tea」の案内をよく見かける。

グレード（等級）
ダージリンやアッサムのような産地別の名称、茶葉の大きさや形状を区分けした呼称。品質の優劣でないことに注意。（51頁参照）

クロテッドクリーム
濃厚な生クリームのこと。イギリスのティータイムの代表的な焼き菓子、スコーンにぬって食べる。

ケーキスタンド
ケーキを始め、サンドイッチ、スコーンなどを盛りつけたお皿を2段あるいは3段で飾ることができるスタンド。（99、167頁参照）

硬水
カルシウム、マグネシウムを多く含む硬度の高い水のこと。紅茶を硬水で淹れると味がぼけたり、水色が変わる。（76頁参照）

コージー（コゼ）
保温のためティーポットにかぶせるカバーのことで、紅茶を淹れるときにも使える。（169頁参照）

ゴールデンチップ
芯芽の外側についている白いうぶ毛が発酵した紅茶液に染まって金色に光った状態をいい、それだけを集めた紅茶をゴールデンチップスという。（61頁参照）

ゴールデンドロップ
紅茶の抽出液を一回でこす場合に、最後の一滴のことをいう。（78頁参照）

ゴールデンリング
紅茶をティーカップに注いだときにカップの内側の縁に見える金色の輪のこと。

ゴールデンルール
茶葉本来の香りや風味を引き出し、紅茶をおいしく淹れるためのルールで、英国式の伝統的な淹れ方。

【さ】

サモワール
ロシアの伝統的な湯沸かし器。

CTC
茶葉を、専用の機械についたローラーでCRUSH（砕く）、TEAR（引き裂く）、CURL（丸める）してつくる紅茶のことで、頭文字をとってCTC製法という。（51、52頁参照）

ジャンピング
ティーポットにお湯を注いだときに、熱湯の対流などによってポット内の茶葉が上下に動くことをいう。茶葉がよく開き、おいしい紅茶が抽出されるときによく見られる現象の一つ。

シルバーチップ
茶樹の先端にあるまだ葉の開いていない黒っぽく灰色がかった芯芽。これだけでつくられた紅茶を指す場合もある。生産量も少ないため珍重されている。（61頁参照）

水色（すいしょく）
抽出した紅茶液の色。（51頁参照）

スーチョン（S）
茶樹の先端から5番目の葉。または中国のラプサンスーチョンに使われるグレード。（51頁参照）

ストレーナー
カップに紅茶を注ぐときに茶殻が入らないように使う「茶こし」のこと。（168頁参照）

世界三大銘茶
世界的に評判の高い紅茶として、インドのダージリン、中国のキームン、スリランカのウバのことをいう。

セカンドフラッシュ
その年で2回目に芽伸びする茶葉のことをいい、インドのダージリン・アッサムのものが有名。（55、58頁参照）

【た】

ダージリン
インド北東部のダージリン地方で生産される紅茶の総称。ファーストフラッシュ、セカンドフラッシュ、オータムナルと収穫時期による種類がある。世界三大銘茶の一つ。（54〜56頁参照）

ダスト（D）
細かい粉のようなグレード。ティーバッグなどに使う。（51頁参照）

タンニン
お茶に含まれる成分の一つでコクや渋みのもとになる。（133頁参照）

中硬水
一般に軟水（硬度100未満）と硬水（硬度300以上）の間。硬度は国ごとに算定法と区分が違うので注意。WHOでは中程度の軟水（硬度60〜120）という区分をしている。

チャイ（マサラチャイ）
一般にインド式のミルクティーのことで、鍋に水とミルク、茶葉、スパイスなどを入れて煮出したもの。トルコなどではミルクを使わない。（132頁参照）

ティー・ジー・エフ・オー・ピー（TGFOP）（OPは等級）
ティッピー・ゴールデン・フラワリー・オレンジ・ペコーの略。質のよいゴールデンチップが多く入った最高級の紅茶を指す語。

ティーテイスター
原料茶の品質を評価する紅茶鑑定士のこと。（69頁参照）

ティーブレンダー
いろいろな産地の原料茶を混ぜ合わせて、商品化する専門家。年ごとに変化する茶葉をブレンドによって一定の品質と価格を保つ、重要な役割をもつ。（69頁参照）

ティーボウル
日本の茶碗と同じようにハンドル（取っ手）がない茶器のこと。17〜18世紀のヨーロッパで使われていた。

等級区分
発酵、乾燥を済ませた茶葉を大きさや形状で分ける規準のこと。グレードと呼ばれるが品質を表すものではない。（51頁参照）

【な】

軟水
カルシウムやマグネシウムの含有量が少ない水のことで、紅茶の風味や色も損ねることなく、おいしく抽出できる。（76頁参照）

【は】

ハイグロウンティー
スリランカの標高１２００メートル以上の高地で生産される紅茶のこと。（60頁参照）

ハイティー
スコットランドや、イングランドの農工業地帯の伝統的な習慣で、午後6時頃にとる夕食のこと。アフタヌーンティーと混用されていることが多い用語。現在は、お酒や軽食のある夕方のティーパーティーを指すこともある。

発酵茶
製造方法によるお茶の分類の一つ。紅茶のように茶葉を完全に発酵させたものをいう。（50頁参照）

ハーブティー
古くから親しまれてきた薬草茶のこと。厳密にいえばお茶もハーブの一種。

半発酵茶
お茶の製造過程で、発酵途中で加熱処理して発酵を止めたもの。烏龍茶がこれにあたる。（50頁参照）

ファーストフラッシュ
春の一番摘み茶のことで、芯芽を多く含み新鮮でさわやかな風味がある。フラッシュとは芽吹きの意。（54頁参照）

ファニングス（F）
茶葉のグレードの一つで、ＢＯＰＦよりもさらに細かい。主にティーバッグの原料に使われる。（51頁参照）

不発酵茶
お茶の製造過程で、茶葉を摘んだ後すぐに加熱処理して発酵を止めたもの。緑茶がこれにあたる。（50頁参照）

ブラックティー
緑茶などと区別するために、紅茶のことをいう。砂糖やミルクを加えないストレートティーを指す場合もある。

フラワリー・オレンジ・ペコー（FOP）
茶葉のグレードの一つ。または芯芽を指す語。（51頁参照）

フレーバーティー
ベルガモットの香りをつけたアールグレイのように、果実や花の香りをつけた紅茶のこと。（72頁参照）

ブレンド
異なる原料茶を「配合」し、常に品質と価格を保ち、消費者の好みにあう紅茶を製品化すること。家庭で「混合」するのはミックスと呼ぶ。（69頁参照）

ブロークン・オレンジ・ペコー（BOP）
茶葉のグレードの一つで、ＯＰより細かく砕かれた茶葉。製品の代表的な大きさ。（51頁参照）

ブロークン・オレンジ・ペコー・ファニングス（BOPF）
ＢＯＰをさらにふるい分けられた茶葉のこと。（51頁参照）

ベルガモット
柑橘系の果実。アールグレイの原料。（71頁参照）

ホットウオータージャグ
濃い紅茶を薄めるために使うお湯差しのこと。日本では馴染みがないが、英国スタイルのティーでは重要な小道具。（165頁参照）

【ま】

ミディアムグロウンティー
スリランカの標高600～1200メートルの中地産茶のこと。（61頁参照）

モンスーン
雨をもたらし、茶葉の生育に大切な役割をもつ季節風。熱帯モンスーン地域は、ティーベルトと重なっている。夏季は南西風、冬季は北東風。

【ら】

リーフティー
ティーバッグに対し、茶こしを使って淹れるバラバラの茶葉を指す。

ロイヤルミルクティー
ミルクをたっぷり入れた紅茶のことで、日本だけで通用する呼び名。（84、93頁参照）

ロウグロウンティー
スリランカの標高600メートル以下で生産される低地産茶のこと。（61頁参照）

ル・パレデテ　ル・パレデテ　☎ 03-5701-8750　〒158-0083 東京都世田谷区奥沢 5-24-2
世界のお茶専門店 ルピシア　㈱ルピシア　☎ 0120-11-2636 〒150-0034 東京都渋谷区代官山町 8-13
ロイヤル コペンハーゲン ティー　㈱ロイヤル スカンジナビア モダーン　☎ 03-5419-7834　〒108-0073 東京都港区三田 1-4-28
ロイヤルドルトン　共栄製茶㈱　☎ 0120-410888　〒530-0047 大阪市北区西天満 5-1-1 ザ・セヤマビル 5F
ロウレイズティー　ロウレイズティーショップ　☎ 03-3443-4154　〒150-0012 東京都渋谷区広尾 1-15-16
ロンネフェルト　ロンネフェルトティーブティック 0120-788-381　〒160-0023 東京都新宿区西新宿 6-6-2 ヒルトン東京 1F

■ 中国茶、ハーブ、シロップ

中国茶各種　明山茶業㈱　☎ 03-3351-3240　〒160-0022 東京都新宿区新宿 1-25-11
ハーブ各種　㈱カリス成城　03-3483-1960　〒157-0066 東京都世田谷区成城 6-15-15
ハーブ各種　㈱生活の木　☎ 03-3409-1781　〒150-0001 東京都渋谷区神宮前 6-3-8
ハーブ各種　日本緑茶センター㈱　03-5464-1115　〒150-0002 東京都渋谷区渋谷 1-11-12 諸戸ビル
ハチミツ・メープルシロップ　㈱クインビーガーデン　☎ 03-3798-8321　〒106-0047 東京都港区南麻布 1-2-33
フレーバーシロップ　㈲エス・エス・アンド・ダブリュー　☎ 03-5467-7885　〒150-0002 東京都渋谷区渋谷 3-12-24 シブヤイーストサイド 2F

■ 食器・アクセサリー

アウガルテン　アウガルテン ジャパン㈱　☎ 03-5226-5881　〒102-0083 東京都千代田区麹町 1-8-14 麹町 YKビル 4F
青山ティーファクトリー　青山ティーファクトリー　☎ 03-3408-8939　〒107-0062 東京都港区南青山 2-12-15 南青山 2 丁目ビル B1
アフタヌーンティールーム　㈱サザビーリーグ アフタヌーンティー リビング事業部　☎ 03-5412-1882　〒150-0051 東京都渋谷区千駄ヶ谷 2-11-1
アメージングティー　アメージングティー　☎ 03-3456-0540　〒108-0073 東京都港区三田 3-4-15-1102
アルスター ウェーバー　八基通商㈱　☎ 03-3511-1701　〒102-0073 東京都千代田区九段北 4-1-11 原鉄ビル 5F
ウェッジウッド　ウォーターフォード・ウェッジウッド・ジャパン㈱　☎ 03-5458-5662　〒150-0033 東京都渋谷区猿楽町 11-6
フッチェンロイター　ウォーターフォード・ウェッジウッド・ジャパン㈱ローゼンタール・フッチェンロイター事業部　☎ 03-5458-5654　〒150-0033 東京都渋谷区猿楽町 11-6
カレル チャペック　カレルチャペック紅茶店　☎ 0422-23-1993　〒180-0004 東京都武蔵野市吉祥寺本町 1-10-18 日本興亜武蔵野ビル 5F
サックス　㈱サクライ　☎ 0256-64-3333　〒959-1277 新潟県燕市物流センター 1-11
SATO　㈱佐藤計量器製作所　オンラインショップ係　☎ 03-3254-8110　〒101-0037 東京都千代田区神田西福田町 3 番地
ジアン　ジアン青山本店　☎ 03-3470-0613　〒107-0062 東京都港区南青山 1-1-1 新青山ビル西館 1F
スポード　㈱ブルールームジャパン　☎ 06-6264-7081　〒541-0053 大阪市中央区本町 4-1-7 第 2 有楽ビル B1
生活の木　㈱生活の木　☎ 03-3409-1781　〒150-0001 東京都渋谷区神宮前 6-3-8
タニタ　㈱タニタ　☎ 03-3967-9655　〒174-8630 東京都板橋区前野町 1-14-2
ダヌーン　キャピタル㈱　☎ 03-3944-1511　〒113-0021 東京都文京区本駒込 6-1-9
ティーハウスタカノ　ティーハウスタカノ　☎ 03-5295-9048　〒101-0051 東京都千代田区神田神保町 1-3 寿ビル B1F
陶和　㈱陶和　☎ 042-369-3131　〒183-0011　東京都府中市白糸台 3-36-7
ナルミ　鳴海製陶㈱　☎ 03-3451-8186　〒108-0014 東京都港区芝 5-31-17 ホープビル 8F
ニッコー　ニッコー㈱　☎ 03-3663-5591　〒103-0001 東京都中央区日本橋小伝馬町 14-4 ランディック第 3 日本橋ビル 4F
ノリタケ　㈱ノリタケテーブルウェア　0120-575571　〒460-0004 名古屋市中区新栄町 2-1
ハリオ　ハリオグラス㈱　☎ 0120-398-207　〒103-0006 東京都中央区日本橋富沢町 9-3
ビレロイ＆ボッホ　ビレロイ アンド ボッホ テーブルウェア ジャパン㈱　☎ 03-5731-7301　〒152-0035 東京都目黒区自由が丘 2-17-11 丸元ビル 2F
ベルナルド　ジーケージャパンエージェンシー㈱　☎ 03-3548-7711　〒103-0027 東京都中央区日本橋 3-14-1 新々会館 7F
ヘレンド　クラブヘレンドジャパン本店　☎ 03-3475-0877　〒107-0052 東京都港区赤坂 8-3-12
マイセン　ジーケージャパンエージェンシー㈱　☎ 03-3548-7711　〒103-0027 東京都中央区日本橋 3-14-1 新々会館 7F
マッコウアラン　㈲オックスフォードタイム　☎ 042-724-5581　〒194-0041 東京都町田市玉川学園 8-9-7-203
マリアージュ フレール　マリアージュ フレール 銀座本店　☎ 03-3572-1854　〒104-0061 東京都中央区銀座 5-6-6
ミントン　ロイヤルドルトン ジャパン㈱　☎ 03-5302-9501　〒151-0053 東京都渋谷区代々木 3-25-3 あいおい損保新宿ビル 13F
ムジカティー　㈲ムジカティー　☎ 06-6344-6496　〒530-0004 大阪市北区堂島浜 1-4-4 アクア堂島ビル フォンタナ館 3F
ムレスナティー　㈱フリートレーディングインターナショナル　☎ 0798-48-9672　〒663-8114 兵庫県西宮市上甲子園 1-1-31
リチャード ジノリ　リチャード ジノリ ジャパン㈱　☎ 03-3497-6125　〒107-8077 東京都港区北青山 2-5-1
世界のお茶専門店 ルピシア　㈱ルピシア　☎ 0120 11 2636　〒150 0034 東京都渋谷区代官山町 8-13
ロイヤルアルバート　ロイヤルドルトン ジャパン㈱　☎ 03-5302-9501　〒151-0053 東京都渋谷区代々木 3-25-3 あいおい損保新宿ビル 13F
ロイヤル コペンハーゲン　ロイヤル コペンハーゲン本店　☎ 03-3211-2888　〒100-0006 東京都千代田区有楽町 1-12-1 新有楽町ビル 1F
ロイヤルドルトン　ロイヤルドルトン ジャパン㈱　☎ 03-5302-9501　〒151-0053 東京都渋谷区代々木 3-25-3 あいおい損保新宿ビル 13F
ロウレイズティーショップ　㈱ティープラン　☎ 03-3443-4154　〒150-0012 東京都渋谷区広尾 1-15-16

ご協力いただいたメーカー・輸入代理店一覧

（50音順）

■ 紅茶

青山ティーファクトリー　青山ティーファクトリー　☎ 03-3408-8939　〒107-0062 東京都港区南青山 2-12-15 南青山 2 丁目ビル B1
アーマッド ティー　富永貿易㈱　☎ 03-6202-3302　〒103-0027 東京都中央区日本橋 2-15-10 宝明治安田ビル 3F
アメージングティー　アメージングティー　☎ 03-3456-0540　〒108-0073 東京都港区三田 3-4-15-1102
伊藤園ティーガーデン　㈱伊藤園　☎ 03-5371-7110 〒151-8550 東京都渋谷区本町 3-47-10
ウィタード　㈱ウィタード オブ チェルシー ジャパン　☎ 03-5799-9337　〒154-0015 東京都世田谷区桜新町 1-19-10 第 2 栄見ビル 3F
ウィリアムソン＆マゴー　三祐食品㈱　☎ 03-3832-2351　〒113-0034 東京都文京区湯島 3-14-7 高村ビル 3F
ウェッジウッド　㈱日食　☎ 06-6314-3655　〒530-0055　大阪市北区野崎町 9-10
えいこく屋　㈲えいこく屋　☎ 052-763-8477　〒464-0064　名古屋市千種区山門町 2-58
エディアール　㈱センチュリートレーディングカンパニー　☎ 03-3208-5881　〒160-0022 東京都新宿区新宿 5-17-11
カレル チャペック　カレルチャペック紅茶店　☎ 0422-23-1993　〒180-0004 東京都武蔵野市吉祥寺本町 1-10-18 日本興亜武蔵野ビル 5F
北ビワコホテル グラツィエ　北ビワコホテル グラツィエ　☎ 0749-62-7777　〒526-0067 滋賀県長浜市港町 4-17
KEW　㈱カリス成城　☎ 03-3483-1960　〒 157-0066　東京都世田谷区成城 6-15-15
キームン紅茶　㈲キームン ジャパン　☎ 0942-40-8765　〒839-0861 福岡県久留米市合川町 1352-10-303
ゴールデンチップ・シルバーチップ茶葉　㈱ AM トレーディング　☎ 045-401-2315　〒222-0026 横浜市港北区篠原町 1158-202
紅茶専門店ティーブレイク　☎ 0422-23-3833　〒180-0004 東京都武蔵野市吉祥寺本町 1-20-1 吉祥寺永谷シティプラザ 801
紅茶専門店 京都 SELECT SHOP　☎ 075-314-5227　〒 600-8815 京都市下京区中堂寺粟田町 93 京都リサーチパーク スタジオ棟 203
神戸紅茶　神戸紅茶㈱　☎ 078-822-1001　〒658-0042　神戸市東灘区住吉浜町 16-2
シャンティ　ジャパン・ビジネス・サービス㈲　☎ 03-3688-4888　〒134-0088　東京都江戸川区西葛西 3-3-15
成城石井　㈱成城石井　☎ 0120-1415-65　〒 106-0032 東京都港区六本木 1-9-9 六本木ファーストビル 17F
セントジェームズ　㈱エヌアンドケイトレーディングジャパン　☎ 045-903-3519　〒225-0011 横浜市青葉区あざみ野 1-24-2 K あざみ野ビル 303
ダルマイヤー　㈱グッドリブ　☎ 03-3808-1561　〒103-0025　東京都中央区日本橋茅場町 2-12-7
チップトリー　トーメンフーズ㈱　☎ 03-3272-1275　〒103-0027 東京都中央区日本橋 2-14-9 豊田通商日本橋ビル 4F 輸入食品部
茶の愉　茶の愉　☎ 03-5447-5535　〒106-0047 東京都港区南麻布 5-16-6
ティージュ　㈱ティージュ　☎ 03-3721-8803　〒145-0071 東京都大田区田園調布 2-21-17
ティーブティック　日本緑茶センター㈱　☎ 03-5464-1115　〒150-0002　東京都渋谷区渋谷 1-11-12 諸戸ビル
テイラーズ オブ ハロゲイト　㈱TRC JAPAN　☎ 06-6444-0850　〒550-0003　大阪市西区京町堀 1-12-9 プロト大阪ビル
ディンブラ　紅茶専門店ディンブラ　☎ 0466-26-4340　〒251-0025　神奈川県藤沢市鵠沼石上 2-5-1 丸生ビル 2F
テトレー　㈱センチュリートレーディングカンパニー　☎ 03-3208-5881　〒160-0022 東京都新宿区新宿 5-17-11
トワイニング　片岡物産㈱　☎ 0120-941440　〒105-0004　東京都港区新橋 6-21-6
日東紅茶　三井農林㈱　☎ 0120-314731　〒105-8427　東京都港区西新橋 1-2-9
ハロッズ　㈱二幸　☎ 0120-25-4547　〒104-8570　東京都中央区豊海町 3-16 豊海二幸ビル
バングラデシュ Finlay 紅茶　フジトレーディング㈱　☎ 045-478-2338　〒222-0033 横浜市港北区新横浜 2-14-24 SK-II ビル 3F
東インド会社　㈱明治屋　☎ 0120 565 580　〒104 0031 東京都中央区京橋 2-2-8
フォション　㈱グッドリブ　☎ 03-3808-1561　〒103-0025 東京都中央区日本橋茅場町 2-12-7
フォートナム・アンド・メイソン　フォートナム・アンド・メイソン ☎ 03-3243-9881　〒103-8001 東京都中央区日本橋室町 1-4-1 三越日本橋本店 新館 B2F
プリミアスティー　㈱プリミアス ティー ジャパン　☎ 03-5952-6257　〒171-0022 東京都豊島区南池袋 2-29-12 メトロシティ池袋 1F
ブルックボンド　ユニリーバ・ジャパン・ビバレッジ㈱　☎ 0120-238-827　〒153-8578 東京都目黒区上目黒 2-1-1
マユールティー　㈱マユールジャパン　☎ 03-5447-2466　〒141-0022 東京都品川区東五反田 2-20-8
マリアージュ フレール　マリアージュ フレール 銀座本店　☎ 03-3572-1854　〒104-0061 東京都中央区銀座 5-6-6
ムジカティー　㈲ムジカティー　☎ 06-6344-6496　〒530-0004 大阪市北区堂島浜 1-4-4 アクア堂島ビル フォンタナ館 3F
メルローズ　キャピタル㈱　☎ 03-3944-1511　〒113-0021 東京都文京区本駒込 6-1-9
ラ・メゾン マリナ・ド・ブルボン　ラ・メゾン マリナ・ド・ブルボン 白金台店　☎ 03-3444-9720　〒108-0071 東京都港区白金台 5-14-1
リーフル　リーフルダージリンハウス　☎ 0422-23-1278　〒180-0004 東京都武蔵野市吉祥寺本町 2-14-5 鈴木ビル 2 F
リプトン　ユニリーバ・ジャパン・ビバレッジ㈱　☎ 0120-238-827　〒153-8578 東京都目黒区上目黒 2-1-1

【監修／指導】
熊崎俊太郎（くまざき しゅんたろう）

ティーブレンダー、ティー・コーディネーター、日本紅茶協会認定ティーインストラクター。1967年東京生まれ。慶應義塾大学卒。学生時代に出張ティーパーティーのサービスを開始、紅茶専門店、紅茶輸入会社勤務を経て独立。現在、喫茶店・レストラン・ホテル等のティーメニュー指導・各種イベントを手がけるほか、ティーブレンダーとして、さまざまなオリジナル商品の開発に携わる。紅茶の楽しみ方や喫茶文化に関する講演やTV、ラジオ、雑誌等の取材多数。

【取材協力・資料提供】
荒木安正、大森正司、川谷眞佐枝、秋山雅美

【写真提供】
若林明希子、田村信子、水野 学、増尾 実、中野光崇、渡部芳信、平田孝子

【編集スタッフ】
●企画／㈱べるもんど
●写真撮影／安東紀夫
●カバー・本文デザイン／飯田デザインオフィス（飯田 實）
●スイーツ制作・指導／加藤真希子、高村直子、熊崎俊太郎
●イラスト／岸より子、穴田利孝
●取材・執筆／熊崎俊太郎、久保木薫、山下みどり、入方賢史、安永美智子、VASU BORRAGUS
●構成・編集／㈱ケンコミュニケーションズ（入方賢史、安永美智子）
●企画・編集／成美堂出版編集部（野呂由香里）

（敬称略、順不同）

【参考文献】
「紅茶をもっと楽しむ12カ月」（日本紅茶協会監修　日本ティーインストラクター会編著　講談社　2005年）
「紅茶の事典」（荒木安正、松田昌夫著　柴田書店　2002年）
「紅茶のある生活」（荒木安正監修　指導／佐藤よし子、上田悦子　小学館　1997年）
「紅茶の楽しみ方」（小池滋、荒木安正、アンディ・キート、東條衛著　新潮社　1993年）
「もっと気軽にティーパーティー」（川谷眞佐枝著　冬花社　2004年）
「紅茶の驚くべき効用」（大森正司著　チクマ秀版社　1998年）
「世界の名茶事典」（講談社 1998年）
「知識ゼロからの紅茶入門」（日本茶葉研究会編著　幻冬舎　2005年）
「紅茶 おいしいたて方」（高野健次著　新星出版社　1997年）

紅茶の事典

編　者　成美堂出版編集部
発行者　深見悦司
発行所　成美堂出版
〒162-8445　東京都新宿区新小川町1-7
電話(03)5206-8151　FAX(03)5206-8159
印　刷　株式会社 東京印書館

ISBN978-4-415-04245-9
落丁·乱丁などの不良本はお取り替えします
定価はカバーに表示してあります